INHALT

Die schönsten Texte von

WILLIGIS JÄGER

Herausgegeben von Christoph Quarch
und Elisabeth Walcher

HERDER

FREIBURG · BASEL · WIEN

© Verlag Herder GmbH, Freiburg im Breisgau 2010
Alle Rechte vorbehalten
www.herder.de

Umschlagkonzeption und -gestaltung:
R·M·E Eschlbeck / Hanel / Gober
Umschlagfoto: © plainpicture

Innengestaltung:
Weiß-Freiburg GmbH, Graphik & Buchgestaltung
www.weiss-freiburg.de

Herstellung:
fgb · freiburger graphische betriebe
www.fgb.de

Gedruckt auf umweltfreundlichem, chlorfrei gebleichtem Papier
Printed in Germany

ISBN 978-3-451-06208-7

EINFÜHRUNG

DAS WAR eine unbändige Freude: nach Jahren die Texte von Willigis Jäger noch einmal neu zu lesen, prägnante und prägende Passagen auszuwählen und nach Leitmotiven zu sortieren – eine wunderbare Erfahrung, bei der mir deutlich wurde, wie viele seiner Gedanken und Erfahrungen über die Jahre zu eigenen Gedanken und Erfahrungen geworden sind; wie tief seine Weisheit in den Fundamenten des eigenen Lebens eingegossen ist. Deshalb ist mein Herz erfüllt von Dankbarkeit – Dankbarkeit für einen Lehrer und Freund, dessen Spiritualität zu einer nie versiegenden Quelle der Inspiration für meinen eigenen Lebensweg geworden ist.

Und noch etwas hat bei der Ausarbeitung dieses Buches große Freude bereitet: dass ich in Elisabeth Walcher eine so wunderbare Mitherausgeberin gefunden habe. Elisabeth war mit Willigis' Schriften noch nicht so vertraut, so dass ihr frischer Blick sich mit meiner gewachsenen Wahrnehmung perfekt ergänzen konnte. Wir hoffen, dass es dadurch gelungen ist, eine inspirierende und stimmige Zusammenschau der Weisheit von Willigis Jäger vorzulegen; eine Zusammenschau, die zum einen zu erkennen gibt, welche Motive sich durch seine langjährige Lehrtätigkeit hindurch ziehen, zum anderen aber auch seine jüngsten und in mancher Hinsicht radikalsten Gedanken profiliert.

So ist es mir eine doppelte Freude, ziemlich genau zu Willigis' 85. Geburtstag im März 2010, dieses Buch der Öffentlichkeit übergeben zu dürfen. Gewiss ist die Auswahl der Texte darin nicht frei von persönlichen Vorlieben und Schwerpunkten. Das kann nicht anders sein. So liegt ein besonderer Akzent auf demjenigen, was ich die Alltagsnähe und Bodenständigkeit der Spiritualität von Willigis nennen möchte. Diese Lebensnähe erschien Elisabeth und mir in besonderem Maße angetan, den Menschen von heute eine Perspektive dafür zu geben, wie das Leben zu einem Fest geraten kann: zu einem Gebet, bei dem sich der göttliche Wesenskern in uns selbst feiert und erfährt. „Religion ist das Leben – und das Leben ist Religion", pflegt Willigis Jäger zu sagen. Und: „Gott will nicht verehrt, er will gelebt werden. Nur aus diesem Grund sind wir Mensch geworden, weil Gott in uns Mensch sein möchte!"

Ich wünsche diesem Buch, dass es Ihnen Winke und Weisungen gibt, die Sie dazu inspirieren, mit Ihrem göttlichen Wesenskern in Tuchfühlung zu kommen. Und ich wünsche Ihnen, dass Sie die Perlen seiner Weisheit nicht im Schmuckkästchen Ihrer Seele ablegen, sondern im Alltag Ihres Lebens zum Leuchten bringen.

Christoph Quarch

ACHTSAMKEIT

ACHTSAMKEIT ist wohl die schwerste, aber auch wichtigste spirituelle Übung. Sie ist eine ständige Unterbrechung der Ich-Zentrierung; denn der achtsame Mensch fließt nicht mehr mit dem Strom der Gewohnheit und lässt seinem Bewusstsein nicht den willkürlichen Lauf, der ein Vordringen in die Tiefe verhindern würde. Erwachen geschieht im Augenblick. Es ist nicht ein von der Welt abgehobener Zustand, sondern die Erfahrung der Welt in diesem Augenblick. ∞

GOTT IST IN ALLEM, und jede Handlung kann, so sie denn in Achtsamkeit und Bewusstheit ausgeführt ist, eine spirituelle Übung sein. Und dies gilt für die einfachen und alltäglichen Verrichtungen des Lebens. (...) Im Grunde tun wir auf unseren spirituellen Wegen gar nichts Außergewöhnliches. Wir versuchen lediglich, in den Augenblick zu kommen und eins zu werden mit dem, was wir gerade ausführen. Genau dort ist uns Gott am nächsten. Auch die kleinste Handlung, die wir vollziehen – die Treppe hinaufsteigen, die Türe öffnen, die Hände waschen, an der roten Ampel warten – kann so zu einer spirituellen Übung werden. Wenn wir zur Arbeit gehen oder zum Bahnhof fahren, sind wir meist gehetzt und verlieren uns selbst. Wir sind nicht mehr im Augenblick – und wenn wir nicht mehr im Augenblick sind, sind wir nicht mehr im Leben und nicht mehr in Gott. Leben ist nur im Augenblick.

So gibt es viele Gelegenheiten, bei denen wir uns ins wirkliche Leben einüben können. Jederzeit können wir lernen, ganz da zu sein, ganz bei dem zu sein, was wir gerade tun. Das können wir aber nur, wenn wir aufhören, alles gleichzeitig zu tun. Man kann nicht im Hier und Jetzt sein, wenn man meint, gleichzeitig Musik hören und lesen zu müssen. Oder noch banaler formuliert: Man sollte nicht mit der Zeitung auf die Toilette gehen. Wir sollten noch einmal bei Null anfangen und lernen, wie man isst, Salat putzt, zur Arbeit geht, Feierabend macht. ❧

WAS ES BEDEUTET, seinen Körper zu trainieren, wissen wir alle: Wer seinen Körper trainiert, eignet sich bestimmte Geschicklichkeit an, die ihm auch weiterhin zur Verfügung steht. Jedes körperliche Training ist darüber hinaus aber immer auch ein geistiges Training. Indem wir unseren Körper bilden und üben, prägen wir Muster aus, die sich auch auf unser geistiges Befinden auswirken. Darum spielt unser Verhältnis zu unserem Körper eine so entscheidende Rolle. Auch unsere Weltsicht und unsere Religiosität werden entscheidend dadurch geprägt, wie wir uns als körperliche Wesen verstehen. Körperliche Achtsamkeit spielt daher in allen spirituellen Wegen eine wichtige Rolle. Und indem sie die Achtsamkeit in das Zentrum des religiösen Lebens rückt, führt sie aus aller kultischen Entrücktheit der Hochreligion zurück mitten ins alltägliche Leben. ❧

ALLTAG

EINE WIRKLICHE, tiefe Erfahrung führt uns nicht aus der Welt hinaus, sie führt uns in die wahre Welt hinein: in unser konkretes Leben, in diesen Augenblick. Aber es ist dieses ganz konkrete Leben in einer neuen Erfahrungsebene. Wir erwachen wieder aus einem Traum. – Wer fühlt, wer hört, wer schmeckt? Diese Frage sollten wir uns aus der Tiefe unserer Aufmerksamkeit heraus stellen, wenn wir in die Sauna gehen, wandern, joggen oder im Fitness-Center Hanteln stemmen. Spiritualität ist nicht etwas Abgehobenes, das wir bei einem Gottesdienst am Sonntag zelebrieren. Unser Alltag ist die wahre Religion. Unser Leben als Offenbarung der Ersten Wirklichkeit zu begreifen, das ist das Ziel. ❧

ZIEL DER MYSTIK ist der von der Tiefenerfahrung her erlebte und durchdrungene Alltag. Mystik drängt aus diesem Grund den Menschen auch nicht für immer in die Einsamkeit oder hinter Klostermauern. Das empfiehlt sich, oder ist sogar notwendig, für einige Zeit; aber es ist nicht das mystische Ideal, denn das Erfahren der Einheit mit dem göttlichen Leben in der eigenen Tiefe ist erst der Anfang. Höhepunkt des mystischen Lebens ist dagegen das Erfahren der Einheit mit dem göttlichen Leben in allem Geschöpflichen, in allem Handeln und Planen, auch im intellektuellen Planen und Wirken. ❧

MAN STEIGT nicht auf einen Berg, um auf dem Gipfel sitzen zu bleiben. Zum Aufstieg gehört der Abstieg dazu. Daran hat auch Jesus erinnert, als er nach der Verklärung auf dem Berg nicht dem Wunsch seiner Jünger gemäß drei Hütten errichten ließ, sondern sie zum Abstieg trieb. Und am Fuße des Berges angekommen, tat er ihnen kund, dass er nun nach Jerusalem gehen und leiden werde. Kurz: Eine Mystik, die sich aus der Welt zurückzieht, wäre eine Pseudo-Mystik. Sie wäre Regression, während eine echte mystische Erfahrung unweigerlich zurück in das Leben führt. Mystik ist Alltag, denn das alltägliche Leben ist die Begegnungsstätte von Mensch und Erster Wirklichkeit. Nur im Augenblick des gelebten Lebens findet die Kommunikation mit Gott statt. ∞

ICH ZITIERE GERNE ein Wort von Joseph Beuys: „Das Mysterium findet im Hauptbahnhof statt." So ist es. Gott manifestiert sich im Alltag – und nur da ist er zu finden. Meister Eckhart hat diese Wahrheit sehr plastisch an seiner eigenwilligen Auslegung der biblischen Geschichte von Maria und Martha (Predigt 28) dargestellt. Nicht Maria, die in Verzückung zu Jesu Füßen sitzt, sollte Vorbild sein, sondern Martha, die sich abrackert und Jesus bedient. Martha ist auf dem spirituellen Weg weiter als Maria, sie kennt die mystische Erfahrung und lässt ihren Alltag davon durchdringen, während Maria sich noch in den Freuden der Verzückung ergeht. Maria muss durch ihre Erleuchtungserfahrung noch hindurchgehen, um wieder in den Alltag zu kommen. Dort, in den einfachen Dingen, gilt es, die göttliche Wirklichkeit zu erfahren. Gott will nicht verehrt, er will gelebt werden. Nur aus diesem Grund sind wir Mensch geworden, weil Gott in uns Mensch sein möchte. ∞

MEIN BESTREBEN geht dahin, bei einem Großteil unser alltäglichen Verrichtungen – die immer auch eine leibliche Komponente haben –, die ihnen innewohnende Religiosität wieder zu entdecken und ernst zu nehmen: ins Rollerskaten und Snowboardfahren etwas hineinzubringen, das es erlaubt, es genauso als eine religiöse Ausdrucksform zu erkennen wie das Gebet in der Kirche. Nur hier und jetzt, nur in diesem Augenblick besteht die Möglichkeit der Kommunikation mit dieser Ersten Wirklichkeit. ❧

DURCH EINE wechselseitige Durchdringung von Körper und Religion könnte das alltägliche Leben eine neue religiöse Dimension gewinnen. Man könnte auch sagen: Der Alltag sei Gebet. Meinen Schülern und Schülerinnen pflege ich nach einem Kurs zu sagen: „Diese Tage waren ein Training für den Alltag. Ihr habt für das Leben geübt. Jeder Schritt, den ihr tut, ist die Fortsetzung des Kurses. Gehen ist Gebet – und zwar als Gehen. Es kann als Ausdrucksform der göttlichen Wirklichkeit erfahren werden." Stehen kann ein Gebet sein, jedes Warten an der Bushaltestelle. ❧

ALTER

WENN WIR erst einmal die neuen Möglichkeiten entdecken, die nur das reife Alter zu geben vermag, dann wird diese Zeit kein passives Dahindämmern, sondern die Erfüllung unserer menschlichen Existenz. Gerade dann, wenn dem Menschen die Initiative des Handelns aus der Hand genommen wird, ereignet sich oft das Eigentliche im Leben. Er kann dann nur noch sagen: „Dein Wille geschehe", und das gibt dem Meißel Gottes freie Hand, um uns die letzte Formung zu geben. Gott macht uns in dieser Zeit noch einmal ein Angebot, mit ihm in eine tiefe Gemeinschaft einzutreten. Einfach nur da sein. Ängste, Gedanken und alles, was uns treibt, loslassen. Da sein in Wohlwollen und Liebe für unsere Umgebung. Die Effektivität unseres Lebens liegt nicht mehr so sehr in der Leistung, sondern mehr in der wohlwollenden Präsenz. Wohlwollen und Liebe strömen lassen, das ist dann unsere eigentliche Aufgabe. Wir müssen nichts vorweisen, wenn wir sterben. Das göttliche Leben in uns ist der Adel, auf den wir bauen können. ☙

JEDER WIRD eines Tages schmerzlich erfahren, dass er nicht mehr gehen kann, wohin er möchte. Wir leben in einer Kultur, in der „jung sein" verherrlicht wird. Jeder fühlt sich verpflichtet, jung zu bleiben. Dem Alter wird wenig Verständnis und Unterstützung entgegengebracht. Doch wer ewig jung bleiben will, verweigert die Reife.

Das gilt auch dann noch, wenn die Körperkräfte nachlassen, wenn Hören und Sehen eingeschränkt werden. Gerade dann stellt sich die Frage nach dem Sinn des Lebens in entscheidender Weise neu. Das Durchleben von Krankheit kann zu einer neuen Begegnung mit sich selbst führen und zu einem ganz neuen Offensein für Gott und die Mitmenschen. Reifen durch Leid, ist das möglich? Die eigentliche Reife des Menschen beginnt tatsächlich dann, wenn er sich nur noch in das fügen kann, was ihm beschieden ist. ↩

ANGST

UNSER ICH muss Angst haben. Das Ich meint ja immer, alles im Griff haben zu müssen, alles kontrollieren zu müssen. Und wenn es merkt, es ist nicht mehr zuständig, dann gerät es in einen Angstzustand, das ist ganz normal. Wenn Menschen in meinen Kursen an diese Grenze kommen, dann kommt die Angst. „Ich werde völlig verrückt! Jetzt sterbe ich." Genau das sagte ich einmal zu meinem Meister: „Ich glaube, ich werde jetzt verrückt!" Er lachte mich aus. „Du wirst nicht verrückt", meinte er, „lass mal los. Du wirst sehen, es gibt noch eine Ebene, die viel wichtiger ist als dein Ich." Die Angst kommt daher, dass das Ich seine Auflösung, seinen Tod, nicht akzeptieren kann. ∞

DIE ANGST vor der Auflösung des Ich ist die Schwelle, die uns an der Erfahrung unseres wahren Wesens (Gotteserfahrung) hindert. Im Sterben öffnet sich diese Ich-Eingrenzung. Wenn die Ichstruktur sich auflöst oder wegfällt, verschwindet auch die Angst. Erlösung ist Erlösung vom Ich. ∞

„FREUNDE DICH AN mit deiner Angst und deiner Wut! Sie gehören zu dir! Sie sind Lebensenergie. Du schneidest dir ja auch nicht die Zehe ab, wenn sie wehtut. Nimm deine Traurigkeit an, und wälze dich nicht immerfort in ihr! Mache nichts Besonderes aus ihr. Sie gehört dir. Das Gleiche gilt für die Angst. Du weißt nicht, wo sie her kommt und wo sie sich versteckt. Aber sie ist da. Sag also ´Ja´ zu ihr. Sag: Ja, ich habe Angst. Nimm sie mit in die Übung. Und lasse sie darin untergehen." – Wir üben reine Beobachtung, reine Aufmerksamkeit, ohne jede Wertung, ohne uns besetzen zu lassen. Emotionen und Ängste müssen standhaft durchlebt werden. Kein Kommentar, kein Sich-fortziehen-Lassen, kein Verzerren, kein Verdrängen. Emotionen sind wie Wolken, die über den blauen Himmel ziehen, die ihn vielleicht vorübergehend verdunkeln, dann aber aus dem Blickfeld verschwinden. ⚭

AUFERSTEHUNG

DIE ERFAHRUNG der Auferstehung ist eine Erfahrung, die jeder Mensch machen kann. Es ist die Erfahrung, dass das tiefste Wesen des Menschen göttlich ist und daher nicht sterben kann. ఞ

ES GIBT WEDER Geboren-Werden noch Sterben. Es gibt nur die Kontinuität der einen Wirklichkeit, des einen göttlichen Lebens, das sich immer wieder strukturiert und manifestiert in den Abermillionen Formen, die wir kennen und die wir nicht kennen. In dieser Überzeugung unterscheidet sich die Weltsicht der Mystik wesentlich von unserem Alltagsverständnis – das im Übrigen auch das Verständnis fast aller Religionen ist. Das Christentum verkündet zwar die Auferstehung der Toten, aber ein Blick auf unsere Friedhöfe reicht, um zu erkennen, dass der Glaube an die Permanenz des Lebens unter Christen keine große Verbreitung hat. In diesem Zusammenhang hat Auferstehung eine ganz andere Bedeutung. In der dualen Weltsicht des Christentums gibt es einen Gott, und es gibt die Menschen. Auferstehung bedeutet dann, dass Gott den Menschen in einer fernen Zeit an einem anderen Ort wieder auferweckt. Auferstehung heißt hier: Fortbestand des Ich über den Tod hinaus – was intellektuell eine ziemlich unbefriedigende Vorstellung ist. Für die Mystik hingegen bedeutet Auferstehung gerade nicht den auf Dauer gestellten Fortbestand des Ich, sondern das Loslassen des Ich in sein Einswerden mit der Ersten Wirklichkeit, mit Gott. Wir sind Manifestationen dieser Ersten Wirklichkeit, und weil sie über den Tod des Individuums hinaus bestehen bleibt, können wir mit Recht an eine Auferstehung glauben. Nur ist es eben nicht die Auferstehung des Ich, sondern die Auferstehung in die transpersonale Einheit mit Gott. ∞

AUFERSTEHUNG beschreibt kein Erleben, das in Kategorien von Raum und Zeit einzuordnen ist. Wer die Auferstehung aus der Ebene der Symbolik entlässt und sie ins Historische drängt, missversteht die Botschaft. Die Osterbotschaft wurde von Menschen erlebt, die wie viele andere die Grenze zwischen Tod und Leben in der Erfahrung überschritten hatten. Sie zeigt sich in vielen mystischen Erlebnissen. ‚Auferstehung‘ ist nur ein anderes Wort für Himmel, ewiges Leben, Sunyata, das Absolute. Es geht immer nur darum, dieses Ewige Leben zu erfahren, ganz gleich in welcher Form dieses Leben nach dem Tod auftaucht. ∞

‚AUFERSTEHUNG‘ bedeutet nicht ein immerwährendes Fortbestehen in einer Art goldverbrämten Himmel. Auferstehung bedeutet Einheitserfahrung mit diesem raum- und zeitlosen Urgrund, den wir Abendländer ‚Gott‘ nennen. Ziel ist also nicht Unsterblichkeit, sondern Erfahrung der Zeitlosigkeit unseres wahren Wesens, das sich in ganz verschiedenen Formen manifestieren kann. Auferstehung ist nicht etwas, was sich ereignet am Ende unseres Lebens, Auferstehung ist der Durchbruch in die Erfahrung, dass es Geburt und Tod nicht gibt, sondern nur einen Wechsel der Form. Auferstehung des Leibes meint nicht, dass wir in dieser menschlichen Struktur wiederkommen, mag sie in unserer Vorstellung noch so ätherisch sein, sondern dass sich diese Urwirklichkeit Gott in jeder Struktur manifestiert und in jeder Struktur als der Ur-grund erfahren werden kann. ∞

AUFERSTEHUNG ist Zerfall der Form, in der sich Gott aus-drückt. Da ist kein richtendes Gegenüber. Gott offenbart sich in allen Formen als der Kommende und Gehende, als Gebo-renwerden und Sterben. Geborenwerden und Sterben ist die ‚Struktur' Gottes. Wir sind Auferstandene vor unserer Geburt (Rose Ausländer). – ‚Erlösung' ist daher Erkennen unseres wah-ren Wesens. Wir sind Erlöste. Unser Ich verdunkelt diese Er-kenntnis. Darum halten wir uns für unerlöst. „Das Reich Got-tes ist in euch", sagt Jesus. Uns in diese Erkenntnis zu führen, war das Anliegen Jesu. ∞

WO GINGEN die Menschen hin, als sie starben? Wo gehen die Wellen hin, wenn sie in den Ozean zurückkehren? Sie kehren zurück in den „Ozean Gott". Unser Ich hat vor diesem Zurück-kehren Angst, aber wir gehen in eine umfassendere Erfahrung. Unsere wahre Identität ist das Weltmeer, nicht die Welle. Ob und wie die Welle weiterlebt, wenn sie in den „Ozean Gott" zurückkehrt, wissen wir nicht. Wir gehen in eine neue Seins-weise, sagt uns die Auferstehung Jesu. Etwas viel Gewaltigeres erwartet uns nach dem Tod. Wir können uns dieses Neue mit unserem begrenzten Ich nicht vorstellen. Es ist eine Geburt in ein größeres Leben, in eine Fülle, von der wir keine Ahnung haben können, weil unsere Ratio zu eng ist. ∞

AUGENBLICK

DER SINN des Lebens liegt nicht darin, möglichst lange zu leben, sondern Augenblick für Augenblick zu leben. ☙

GOTT EREIGNET SICH im Hier und Jetzt. Hier und nur hier in diesem Augenblick ist die Kommunion und Kommunikation mit ihm möglich. Das Leben ist die eigentliche Religion. Es ist der Vollzug Gottes. Gott offenbart sich in den kleinen Dingen genauso wie in den Zuständen, die wir erhaben nennen. Dort mit ihm zu kommunizieren, ist das Ziel aller Mystik. In Gebeten und Ritualen feiern wir nur diese Wirklichkeit. Wenn ich Eucharistie feiere und Brot und Wein auf dem Altar liegen, feiere ich die Einheit von Gott und Schöpfung. Brot und Wein sind nur die Exponenten für den Kosmos vom Atom bis zum reinen Bewusstsein. Ich feiere das, was immer schon ist. Die Worte über Brot und Wein sind nur die Bestätigung, nicht eine Wandlung. Und wenn ich taufe, sage ich den Eltern und Paten: Hier öffnet sich wieder der Himmel wie über der Taufe Jesu und eine Stimme spricht: „Dieser ist mein geliebter Sohn, dieses ist meine geliebte Tochter." Es wird nichts abgewaschen, es wird bestätigt, was von Anfang an ist: die Einheit von Gott und Mensch. ☙

DAS JENSEITS ist nichts, was irgendwann im Laufe der Zeit einmal kommen wird, sondern es ist das Jenseits der Zeit: die Zeitlosigkeit. Hat man sich das einmal klar gemacht, wird man nicht umhin können, seine Vorstellung von Auferstehung und einem Leben nach dem Tod zu ändern. Denn nun zeigt sich, dass Auferstehung sich nicht zu einer anderen Zeit an einem anderen Ort vollzieht, sondern hier und jetzt. Gott vollzieht sich als Hier und Jetzt. Und Religion ist nicht der auf künftige Belohnung schielende Dienst an einem jenseitigen Gott, sondern der Vollzug des Hier und Jetzt – der Vollzug Gottes in unserem konkreten, täglichen Leben. ∽

JEDEN AUGENBLICK vollzieht sich in der Evolution ein Geborenwerden und Sterben. Gott ist Kommen und Gehen. Auch diese unsere menschliche Form wird zerbrechen. Es wird wieder eine neue Form entstehen. Ob sie noch eine Identität mit den alten Formen hat, ist unwichtig. Es inkarniert sich ja immer nur die Erste Wirklichkeit, die wir Gott nennen. Sie kennt keinen Wandel, keine Zeit und keinen Raum. Zeit und Raum entstehen durch die Formen, die kommen und gehen. Darf ich dazu eine kleine Geschichte erzählen? Jemand hat sie neu gefasst und für unsere Zeit umgeschrieben.

Eine alte Frau bügelte Wäsche. Da trat der Todesengel zu ihr und sagte: „Es ist Zeit! Komm!" Die Frau antwortete: „Gut, aber erst muss ich die Wäsche fertig bügeln. Wer tut es denn sonst? Und ich muss kochen, meine Tochter arbeitet im Geschäft, sie braucht etwas zu essen, wenn sie heimkommt. Siehst du das ein?" Der Engel ging. Eine Zeit später kam er wieder. Er traf die Frau, als sie gerade das Haus verließ. „Komm jetzt!", sagte er, „es ist Zeit." Die Frau antwortete: „Aber ich muss erst ins Altersheim. Da warten ein Dutzend Leute auf mich, die von ihrer Familie vergessen sind. Soll ich sie etwa im Stich lassen?" Der Engel ging. Einige Zeit später kam er zurück und sagte: „Es ist Zeit! Komm!" Die Frau antwortete: „Ja, ja, ich weiß, aber wer bringt meinen Enkel in den Kindergarten, wenn ich nicht mehr bin?" Der Engel seufzte: „Gut; ich werde warten, bis dein Enkel alleine gehen kann." Einige Jahre später saß die Frau am Abend müde vor ihrem Haus und dachte: „Eigentlich könnte jetzt der Todesengel kommen. Nach all der Plackerei muss die Seligkeit doch wunderbar sein." Der Engel kam. Die Frau fragte: „Bringst du mich jetzt in die ewige Seligkeit?" Der Engel fragte zurück: „Und wo, glaubst du, warst du die ganze Zeit?"

Diese Geschichte lehrt, dass die wahre Wirklichkeit immer da ist. Es gibt nur diesen zeitlosen Tanz, den das Leben in der Evolution vollzieht. Der Sinn des Tanzes liegt nicht darin, zu Ende zu kommen. Er liegt im Tanz selbst. Der Sinn des Tanzes liegt darin, Augenblick für Augenblick das Leben Gottes zu leben. Das aber kann niemand mit den Mitteln seiner Rationalität erkennen. Es lässt sich in der mystischen Erfahrung nur unmittelbar erleben. Wo das geschieht, schwindet die Angst vor dem Sterben. Denn warum sollte man den Tod fürchten, wo man doch weiß, dass unser wahres Wesen weder geboren ist noch sterben kann? Warum sollte ich Angst haben, dass mein Schiff untergeht, wo doch Gott das Meer ist, in das es versinkt? ❧

UNSTERBLICHKEIT ist nur im Augenblick zu finden, oder sie ist überhaupt nicht zu finden: „Du meinst, du wirst Gott sehen und sein Licht. / Oh Narr, du siehst ihn nie, siehst du ihn heute nicht." (Angelus Silesius) Unsterblichkeit liegt im Augenblick, in der Realisierung der Wirklichkeit hier und jetzt, liegt in dem, was ist. ❧

BETEN

GOTT MÖCHTE in uns durch dieses Leben gehen, durch diese Zeit. Gott ist die Symphonie, die hier und jetzt erklingt. Und er ist nicht einer, der diese Symphonie komponiert hat und jetzt irgendwo draußen sitzt und sie für sich abspielt und dirigiert. Er erklingt als diese Symphonie. ER ist die Musik und wir sind ganz individuelle Noten – einmalig, unverwechselbar. Darin liegt unsere Bedeutung. Wir haben zu klingen als die Musik Gottes. Unser Leben ist in erster Linie Gottesdienst und Gottesdienst ist unser Leben – gerade in seiner Alltäglichkeit. Wenn wir uns dies klar machen, dann wird Gehen zum Gebet, dann wird Arbeiten zum Gebet – dann wird auch die alltäglichste Verrichtung zum Gebet. ↷

WENN ICH mit Wohlwollen und Liebe für andere Menschen bete, kann sich ein heilendes und helfendes Energiefeld aufbauen, das über Raum und Zeit hinweg seine Wirkung entfaltet. Man kann ein solches Energiefeld aber auch für sich selbst aktivieren; etwa indem man zur Madonna betet, eine Kerze aufstellt oder eine Wallfahrt antritt.

Gebete bewirken nicht deshalb etwas, weil Gott, Maria oder ein Schutzengel im Himmel mein Gebet erhören und dann darauf helfend reagieren, sondern weil mit Hilfe ihres Bildes ein Energiefeld kreiert werden kann, das tröstet und heilend wirkt. ↷
Beten ist mehr als nur an Gott denken. An Gott denken ist

nicht einmal der Schatten wirklichen Betens. Mit seinem Intellekt kommt man nicht weit. Der Mensch besitzt viel geeignetere Fähigkeiten, Gott auf umfassendere Weise in den tieferen Schichten seines Seins zu erfahren. (...)

Worte sind nur Andeutung oder Hinweis auf das, was rational nicht fassbar ist. Gebet ist nicht nur „Reden von Gott", es wird mehr und mehr ein Ruhen in Gott. Es gibt dann weder einen, der spricht, noch einen, zu dem gesprochen wird. Gebet ist dann Einssein mit Gott und in ihm mit allem, was existiert. Der Erlebende ist zum Erlebten geworden. Alle inneren und äußeren Dialoge verschwinden. Diese Ebene ragt hinaus über Subjekt und Objekt, Gestern und Morgen, Frustration und Euphorie, obwohl sie Urgrund auch dieser Lebensäußerung ist.

Beten heißt, eins werden mit dem göttlichen Leben, das weder Anfang noch Ende, Innen noch Außen, weder Zeit noch Ort kennt. Beten ist Eingehen in dieses Leben, das vom Verstand nicht ausgeschöpft, noch von der Logik erfasst werden kann, obwohl es Quelle des Verstandes ist. Leib und Sinne sind davon getrennt – und sind es doch nicht. Es liegt jenseits des Seienden – und ist doch nicht ohne das Seiende. Beten ist: dieses Leben in allem, was lebt, erfahren. ଔ

DIE GEBETE und Zeremonien, die bei Anrufungen verrichtet werden, gleichen sich in allen Religionen. Es werden Kerzen angezündet und Weihrauch, Blumen oder Speisen dargebracht. Es wird der Rosenkranz gebetet, sei es buddhistisch, moslemisch oder christlich. Man geht zu Fuß den Berg hinauf, man rutscht auf den Knien, man misst den Weg mit seiner Körperlänge aus oder hinterlässt eine Opfergabe für einen wohltätigen Zweck. ଔ

BEWUSSTSEIN

WIR BEFINDEN UNS mit unserem Bewusstsein in ständiger Vernetzung mit jedem anderen Bewusstsein im Universum. Unser Bewusstsein ist demnach ein Spiegelbild des Bewusstseins der ganzen Menschheit, ja des ganzen Kosmos. Diese wechselseitige Beziehung reicht vom einfachsten Atom bis zu den fernsten Galaxien, vom einfachen Lebensimpuls eines Einzellers bis in die höchsten geistbegabten Wesen. Alles ist durchdrungen von dem einen Geist, der im Kosmos mit sich selbst kommuniziert.

So ist es. Das alte Paradigma lautete: „Wir sind menschliche Wesen, die eine spirituelle Erfahrung machen." Das neue Paradigma sagt: „Wir sind spirituelle Wesen, die eine menschliche Erfahrung machen." Der französische Nobelpreisträger Jean Charón hat einmal gesagt: „Auf der Ebene des Geistes leben wir das Leben des Universums mit." Und das Universum manifestiert sich als Energiefeld, in dem sich die Erste Wirklichkeit darstellt. Bewusstsein und Materie sind gleichermaßen dieser Energiestrom. Und darum finden wir in unserem tiefsten Wesen den ganzen Kosmos und erfahren in der Mystik die Einheit mit ihm. Als Mensch bin ich nicht von ihm getrennt. Ich bin der Vollzug dieses Energiestromes – der Vollzug des göttlichen Lebens. Versucht man, das in unsere christliche Vorstellungswelt zu übersetzen, könnte man sagen: Wir sind göttliches Leben, das diese menschliche Erfahrung macht, das sich eingegrenzt hat in die Form menschlicher Existenz. Wie in Jesus ist dieses göttliche Leben in jedem von uns Mensch geworden. Was der Mensch „Person" nennt, ist eine falsche Person. Diese Person ist nichts anderes als unser Egobewusstsein, das sich als absolute Individualität erlebt und darin verdeckt, dass es sich von der Urwirklichkeit des göttlichen Lebens abgespalten hat. Zugänglich wird ihm die Urwirklichkeit erst dann, wenn sich das Egobewusstsein in der spirituellen Erfahrung transzendiert und in das kosmische Bewusstsein des göttlichen Lebens übergeht. ⊗

DAS BEWUSSTSEIN arbeitet in zwei Richtungen, nämlich nach außen und nach innen. Zum Anschauen eines Fernsehprogramms, eines Schmetterlings oder eines Fußballspieles braucht man die nach außen gekehrte Aufmerksamkeit. Richtet man sie beharrlich nach innen, kommt man zu der Erfahrung des reinen Bewusstseins. Man wird sich bewusst, dass man sich bewusst ist. Keinem Gedanken wird erlaubt, die Erfahrung zu trüben. Diesen Zustand nennt der Verfasser der WOLKE und des WEGES „Wahrnehmung des eigenen Seins". Äußere Sinneseindrücke haben keine Signalwirkung mehr. Man ist ganz bei sich. Wohl die meisten, die sich mit intensivem Eifer der Gebetsübung der Kontemplation hingeben, werden diese Entwicklungsstufe des inneren Gebetes erreichen. Versichert doch der Schreiber des WEGES: „ Besinne dich darauf, dass du eine angeborene Fähigkeit hast, dein schlichtes Sein wahrzunehmen." ⊗

WIR SIND inkarniertes Bewusstsein. Wir leben nicht in einer doppelten Wirklichkeit. Wir leben in einer Wirklichkeit, die mehrere Dimensionen hat, aber eine Einheit ist. Wir sind gestaltgewordenes Bewusstsein. Zurückschauend können wir die Welt nur in dieser Gestaltwerdung begreifen. Wir hätten uns aber auch nicht anders entwickeln können. Wir besitzen nicht die Möglichkeit, die Grenzen unserer Gestaltwerdung zu überschreiten. Doch wenn wir neue Wege beschreiten, können wir uns neu orientieren. Wir sind nicht Materie, die Geist entwickelt hat. Wir sind Bewusstsein, das sich diese Form geschaffen hat. Dies mit Leib und Seele zu erfahren, bedeutet für den Einzelnen echte Erfüllung.

Man kann die Aufgabe, vor die wir gestellt sind, auch als Frage formulieren: Gelingt es uns, uns in die Grundstruktur des Evolutionsprozesses einzuschwingen und darin unsere vordergründige personale Identität so zu erweitern, dass wir unser wahres Wesen erkennen, um daraus den Sinn unseres Mensch-Seins zu erfahren? Wenn das neue Paradigma zutrifft und es wahr ist, dass wir Menschen nichts anderes sind als ein universelles oder kosmisches Bewusstsein, das sich in uns eine menschliche Gestalt gibt – wenn Gott sich in jedem von uns inkarniert -, dann bedeutet dies für unser Menschenbild und Selbstverständnis, dass wir als Inkarnationen Gottes, als geistbegabte Wesen zu Mitschöpfern dieses Universums geworden sind: im Guten wie im Bösen.

Die Bewusstseinsebene der Mystik ist transpersonal. Auf ihr behauptet sich nicht länger ein Ich als eigenständiges Subjekt im Gegenüber einer objektiven Welt, sondern es erfährt sich in Einheit mit ihr und erhält einen anderen Stellenwert. Dies alles hat nichts mit Mystizismus zu tun, sondern deckt sich im Wesentlichen mit den Erkenntnissen der modernen Naturwissenschaftler. Niemandem wird zugemutet, etwas völlig fabulöses und nicht-nachvollziehbares glauben zu müssen. ॐ

DAS BÖSE

DAS BÖSE scheint mir nichts anderes zu sein als die Egozentrik des Menschen und die Verweigerung der Selbsttranszendenz. Diese Egozentrik offenbart das Mysterium dessen, was wir böse nennen. Das Böse hat mit Moral zunächst nichts zu tun. Es ist die Verweigerung, sich zum Ganzen hin zu öffnen, die Verweigerung, das Ego zu überschreiten und sich evolutionsgerecht zu verhalten. Wenn wir das Evolutionsgeschehen verfolgen, dann bedeutet Mangel an Selbsttranszendenz – sei er verschuldet oder unverschuldet – die Ursache für den Untergang. ♋

DIE RELIGIÖSE EBENE gibt dem abgesonderten, sich getrennt fühlenden Ich Deutung und Halt und erleichtert so das Leben. Sie verändert nicht notwendigerweise die Bewusstseinsebene des Menschen. Sie tröstet das Ich und verheißt ihm die Lösung aller Probleme in der Zukunft.

Eine solche Praxis von Religion verspricht Vergebung, Ausgleich von Gut und Böse für spätere Zeiten und verlegt das eigentliche Leben in ein Jenseits, in einen Himmel oder eine Wiedergeburt nach dem Tod. Aber das ist eine einfältige Lösung. Auch was wir ‚böse' nennen, gehört zum Strukturprinzip der Evolution und damit zu dieser Urwirklichkeit, die wir Gott nennen. Nur wenn wir in Kontemplation und Zen tiefer kommen und umfassendere Erfahrungen machen, erkennen wir, dass nichts aus diesem Urprinzip herausfallen kann, auch nicht das Böse. Rabbi Baal Schem Tow, ein Weiser der Chassidim, sagt: „Die einwohnende Herrlichkeit umfasst alle Weiten, alle Kreaturen, Gute und Böse. Und sie ist die wahre Einheit. Wie kann sie denn die Gegensätze des Guten und des Bösen in sich tragen? Aber in Wahrheit ist da kein Gegensatz, denn das Böse ist der Thronsitz des Guten."

Das Ich, das sich in den Vordergrund spielt, ist nicht unser wahres Ich. Es ist nur das Echo auf unsere wahre Identität, von der alles Leben ausgeht. Diese unsere wahre Identität kann nur von innen erfahren werden. Mit dem Verstand ist das so wenig möglich wie das Küssen der eigenen Lippen. – In unserem täglichen Leben müssen wir unterscheiden und wählen, was oft nicht ohne Verletzungen möglich ist. Unsere Übung sollte darin bestehen, möglichst nicht aggressiv zu handeln, sondern mehr aus einer neutralen Gelassenheit heraus zu agieren. Es ist auch nicht leicht, ja zu sich selber zu sagen, auch zu seinen Schattenseiten. Wir müssen nicht größer, reiner, heiliger, spiritueller werden; wir sollten unser wahres Wesen erfahren, daraus ergibt sich das rechte Handeln. ∞

MIT IHRER ABSAGE an ein duales Welt- und Menschenbild mutet uns die Mystik in der Tat die Vorstellung zu, dass all das, was wir „das Böse" nennen, Bestandteil der einen und ungeteilten Ersten Wirklichkeit ist. Hiergegen sträubt sich unser Verstand. Er kann nicht akzeptieren, dass Leiden, Schmerzen und Tod göttlichen Ursprungs sind, und erklärt das „Böse" als Defizit im Menschen. Das resultiert aus einem Mangel an Erkenntnis. Ich habe in der Theologie keine befriedigende Antwort auf die Frage nach dem Bösen gefunden. Können wir es wirklich nur dem Versagen des Menschen in die Schuhe schieben?

Ich meine, dass man mit den Mitteln des Verstandes dem Mysterium des Bösen nicht beikommt. Um das Böse zu verstehen, muss man sich auf eine andere Ebene begeben – auf eine Ebene, auf der erfahren wird, dass Tod, Leid und Schmerz zum evolutionären Geschehen Gottes dazugehören. Von diesem Wissen kann man niemanden überzeugen. Es ist unserem Verstand verschlossen. Der Verstand hätte eine ganz andere Welt, – eine viel bessere Welt geschaffen, eine Welt ohne Sünde, Leid und Tod. Ob wir wollen oder nicht, werfen wir Gott damit Stümperei vor.

Im mystischen Erleben ist das, was wir „böse" nennen, aus der göttlichen Wirklichkeit nicht herauszunehmen. Menschen, die Opfer von Gewalt wurden, berichteten mir vom Zustand der Ruhe und des Einverständnisses in dieser Situation. Es gibt dort keine Schuldzuweisung und keine Angst und keine Wertung mehr, sondern eine große Gewissheit, dass auch das zweifellos zum göttlichen Vollzug des Lebens gehört, was wir Sünde nennen. Die gleiche Erfahrung kann man in einer mystischen Schau machen. Ein Wort Eckharts mag das verdeutlichen: „Desgleichen: In jedem Werk, auch im bösen, im Übel der Strafe ebenso sehr wie im Übel der Schuld, offenbart sich und erstrahlt gleichermaßen Gottes Herrlichkeit." Er wurde dafür heftig angegriffen; kein Wunder, denn diese Worte rufen solange Widerstand hervor, wie man sie nicht auf der Ebene versteht, auf der sie erfahren wurden.

Böse nennen wir immer das, was unserem Ich schadet. Verliert nun – wie in den oben geschilderten Erfahrungen – das Ich an Gewicht, bekommt auch das Böse einen anderen Stellenwert. Bildlich gesprochen: Wenn sich ein Ast nur als Ast versteht, dann macht ihm das Dürrewerden und Abfallen Angst. Es gilt ihm gleichsam als böse. Würde der Ast aber seine Identität nicht in seinem Ast-Sein erkennen, sondern darin, dass er

Baum ist, dann verlöre er die Angst vor dem Abfallen, da doch der Baum und das Leben des Baumes sein wahres Leben ist. Das, was es wirklich ist, lebt weiter. ❧

DAS ÜBEL und das Böse sind zu einem Hauptproblem unserer Gesellschaft geworden. Ist diese Erste Wirklichkeit, die wir Gott nennen, nicht der Urheber der ganzen Misere? Fast sind wir geneigt zu sagen, dass uns eine bessere Schöpfung gelungen wäre. Es müsste für einen Creator doch ganz einfach gewesen sein, die schönen Dinge zuzulassen und was wir für schlecht halten, zu verhindern, und auch den Menschen so zu schaffen, dass er nichts Böses tun kann. Aber je tiefer wir in den Makrokosmos und den Mikrokosmos eindringen, umso mehr müssen wir erkennen, dass schwarz und weiß nur die zwei Seiten einer Münze sind. Gott ist nicht nur das, was wir gütig, liebevoll, gnädig, barmherzig nennen.

Gott hat auch eine dunkle Seite, mit der wir Menschen uns sehr schwer tun. Zu dieser dunklen Seite hat unser Verstand keinen Zutritt. Sie bleibt ein Mysterium, zu dem auch eine Theologie nur unbefriedigende Antworten bereit hält. Das Böse nur auf den Menschen zu schieben, hält einem kritischen Blick nicht stand. Eckhart predigte eines Tages – und stellt Euch vor, es war eine ganz „normale" Predigt: „In jedem Werk, auch im bösen, im Übel der Strafe ebenso sehr wie im Übel der Schuld, offenbart sich und erstrahlt gleichermaßen Gottes Herrlichkeit."

Nur auf einer tieferen Ebene lässt sich dies verstehen. Nur dort lässt sich auch die Frage nach dem Bösen lösen. Unser wahres Wesen kennt Geborenwerden und Sterben nicht. Dort gibt es auch nicht Gut und Böse. Diese metaphysische Gewissheit ist der Ratio fremd. Diese Erfahrung schafft auch das, was wir böse nennen, nicht aus der Welt, aber sie gibt ihm einen ganz anderen Stellenwert. Auf dieser Ebene, wo es noch kein Für und kein Wider gibt, ist alles ohne Unterschied der Vollzug des göttlichen Urprinzips. Was wir böse nennen, ist die dunkle Seite Gottes. Das Ergebnis jeder mystischen Erfahrung ist die Aufhebung der Dualität. Ob wir den Endzustand Unio mystica nennen oder Satori, es ist immer erst der Tod des Ich, der diese Erkenntnis zulässt.

Sind dann Verbrechen und Liebe gleich? Woher kommt dann die Motivation für unser soziales Verhalten? Das Innerste Gottes und so auch jeder Mystik ist Liebe. Aber es ist nicht die Liebe, die alles Leid verhindern will. „Je tiefer die Erfahrung, umso größer das Mitgefühl."

Diese Liebe kommt nicht aus dem Ego. Sie hat nichts zu tun mit: Ich liebe dich. In der Erfahrung steigt ein universales Wohlwollen auf, das wir Christen ‚Agape' nennen. Es kennt keinen Anderen und kein Anderes mehr. Es schließt alles ein, weil es im Einen keine Teilung gibt. Diese Liebe ist wie die Sonne, die nicht zwischen Gut und Böse unterscheidet, sondern allen scheint. ∞

ES IST ÜBERFLÜSSIG zu sagen, dass der kontemplative Mensch ein volles „Ja" zur Schöpfung und zum Menschen spricht. Alles ist gut, so wie es ist. Die Schöpfung ist nicht ein Konstruktionsfehler. Sie kann nur gut sein, wenn Gott sich selber ausdrückt, sich selbst gebiert in allen Dingen. Der kontemplative Mensch ist daher seinsfroh und gibt selbst dem Bösen den rechten Platz. ∞

DEMUT

DAS LATEINISCHE WORT für Demut ist humilitas. Es kommt ebenso wie das Wort humanitas aus der Wurzel „humus", das heißt: Erde, Schmutz, Dünger. Auch „Humor" stammt aus diesem Wortstamm. Das sagt uns, dass wir uns und der Welt mit einer gewissen inneren Heiterkeit, mit einem Lächeln begegnen sollten. Wir sollten uns selbst nicht zu ernst nehmen. Wir sollten unseren Humor behalten und uns in Demut dem Weg überlassen. Denn Demut ist nichts anderes als eine umfassende Selbstakzeptanz. Das bedeutet nicht, dass ich mit all meinen Schwächen und Fehlern einverstanden bin. Aber ich nehme es an, dass ich dieses Erbe vom Leben bekommen habe. Ich fixiere mich nicht darauf, dieses Erbe abzuschütteln oder zu bezwingen. Denn das hieße doch wieder nur, in der Ich-Bezogenheit zu verharren. ∝

EINES UND
VIELES

IMMER NEUE FORMEN steigen aus dem Einen auf. Es ist die Ursache der Ursachen, der Hintergrund, aus dem alles strömt. Es ist das „Nichts", das sich immer wieder ausformt. Alle Dinge und alle Lebewesen kommen aus diesem Einen. Alle Dinge und alle Lebewesen bestehen aus dem reinen, ursprünglichen, göttlichen Einen.

Es gibt goldene Ringe, goldene Armbänder, doch sie sind nicht das Gold. Das Gold gibt ihnen die Existenz, bleibt davon jedoch unberührt. So bestehen Menschen, Tiere, Bäume, Blumen, Steine, Wasser, Berge, Planeten, Monde, Sonne, Spiralnebel, wir selbst mit unseren Gefühlen, Gedanken und Intentionen aus dem Einen. Das Eine ist gleichsam unser Familienname. Wir sind alle von dieser „einen Familie". Es ist der Nenner, an dem alle Zähler partizipieren. Da wir dieses Einen sind, sind wir auch nicht entstanden und werden nicht vergehen. Wir sind unserem Wesen nach ungeboren und unsterblich. Wir sind immer schon da. ☙

WIR BEFINDEN UNS mitten in einem gewaltigen übergreifenden Prozess, und das Ziel dieses Prozesses ist die Selbstverwirklichung des Einen, oder anders ausgedrückt, die Selbstverwirklichung des göttlichen Prinzips in der Vielzahl der individuellen Formen. Das Universelle verwirklicht sich im Individuellen und das Individuelle im Universellen. Die Vielheit entspringt dem Einen, und das Eine offenbart sich als die vielen Dinge. ⬳

DAS EINE ist non-dual. Es ist wie der Ozean, der unverändert bleibt, auch wenn er Millionen von Wellen wirft. Dieses Eine ist der Urgrund aller Dinge. Es hat nie angefangen, denn es ist immer schon da. Und es hört niemals auf. Es lässt sich erfahren und hat mit Glauben nichts zu tun. Keine Philosophie, Theodizee oder Metaphysik können es erfassen. Es ist das grenzenlose, absolute Jetzt.

Aus diesem absoluten Jetzt steigen die vielen Formen und Wesen des Universums wie aus einem abgrundtiefen, nie versiegenden Brunnen auf. Zen nennt es einen Brunnen, der kein Wasser hat. Wir können es Quelle nennen, doch es ist eine Quelle, die kein Wasser hat. ⬳

UNSERE FORM ÄNDERT sich, und sie ändert sich täglich. Auch die Wellen des Meeres verändern ständig ihre Form. Wie die Wellen des Meeres ständig ihre Form verändern und doch das Wasser des Ozeans bleiben, so verändern auch wir ständig unsere Form und bleiben doch immer das Eine, das Absolute, die Leerheit, die sich selbst nicht wandelt: der Absolute Geist, der sich selbst nicht wandelt. Die äußere Form wird sterben – doch unser Geist, der wir sind, ist unvergänglich und unzerstörbar.

Der Absolute Geist ist die wahre Natur aller Lebewesen. Er ist jetzt da, ewig, unwandelbar. Wenn wir das erfahren, erfahren wir unser wahres Gesicht, unser Urantlitz, wie es im Zen genannt wird. Dieses unser wahres Gesicht, das Eine, wiederzuerkennen ist das Ziel aller spirituellen Wege. So sag mir, was ist dein wahres Gesicht? Was ist dein ursprüngliches Gesicht? Welches ist dein Gesicht, das immer und ewig und unwandelbar dein eigenes Gesicht ist? Dieses Gesicht, das dir niemand nehmen kann? Dieses, dein wunderbares Gesicht, das du selber bist?

Es zeigt sich auf vielerlei Weise, es wandelt sich, wie sich die Welle auf dem Meer wandelt, doch immer bleibt es unverkennbar dein Gesicht, das sich nicht verbergen kann. Es ist dir unvertraut, und wenn du es entdeckst, wirst du es wiedererkennen. Dann wirst du wissen, dass es immer dasselbe ist und war – vor deiner Geburt, vor der Geburt deiner Eltern, vor endlosen Zeitaltern und am Ende der Welt. Dann wirst du erfahren, dass die Welt untergehen kann, doch dein Urantlitz niemals vergehen wird. Wer dahin durchbricht, erkennt es sofort wieder als sein wahres Wesen. Du kannst dann sterben, denn was du bist, ist unvergänglich.

Es ist eigenschaftslos und übersteigt alles, was wir kennen und uns vorstellen können. Und doch ist dieses Eine unsere wahre Identität. Wir entstehen nicht bei der Geburt. Das Eine grenzt sich ein in diese Form. Wir gehen im Tod nicht unter, es verliert nur die Form.

Es ist immer nur der Absolute Geist, der die vielen Erfahrungen macht, obwohl er selber nicht geboren wird und nicht stirbt. Das Eine erlebt sich als Geborenwerden und Sterben. ဆ

ENERGIE

JEDER SEGEN, jedes Gebet ist nichts anderes als ein Senden von positiver Energie. Jedes Kreuzzeichen, das man macht, ist Aktivierung heilender Energie. Wenn wir drei Brüder während des Krieges nach einem Urlaub wieder aus dem Elternhaus gingen, machte die Mutter uns mit geweihtem Wasser ein Kreuzzeichen auf die Stirne. Man kann so etwas als magische Geste abtun, aber es ist nichts anderes als eine Übertragung positiver Energien. Wenn man für andere betet, ist da nicht einer, der dem anderen etwas zukommen lässt. Es ist wie ein Naturgesetz auf einer höheren Ebene. Gute Wünsche, Gebete kreieren einen heilsamen Energiefluss. ◌

WIR NEHMEN die physischen Energien als etwas Selbstverständliches hin. Aber wir wissen heute, dass es feinstoffliche Energien gibt, die nicht weniger wirksam sind als die physischen. Manche erfahren diese feinstofflichen Energien auf der physischen Ebene. Schütteln, Prickeln, Zuckungen können ganz ungewollt und unkontrollierbar auftreten. Manche Energien reichen über den physischen Körper hinaus. Telekinese, Telepathie, Präkognition und so weiter. Das sind einige sehr auffällige Energiedemonstrationen, daneben gibt es eine Vielzahl eher unauffälliger und nicht messbarer.

Energie strahlt durch unsere Hände und durch unseren ganzen Körper, wenn wir uns positiv einer Person oder Situation zuwenden. Jede positive Energie, die wir aussenden, stärkt auch uns selbst. Positive Energie aussenden oder segnen kann man mit Worten, mit Gebärden, mit Handauflegen, aber auch mit einem Mantra oder einer (Gebets-)Gebärde.

Alle spirituellen Wege kennen diese heilenden Kräfte. Das universale Bewusstsein ist kreativ. Es ist auch heilend. Es ist eine transformierende Energie, die jedem Wesen innewohnt. Manche Menschen können sie stärker aktivieren als andere, je nachdem, inwieweit die Barrieren zwischen der Egostruktur und dem universalen Bewusstsein gefallen sind.

Hier liegt auch das Geheimnis der Wunderheilungen begründet. Man nennt sie in der Medizin Remission. Das sind plötzliche Heilungen, die man sich nicht erklären kann, die aber zweifelsfrei stattfinden.

Jeder Wallfahrtsort ist nichts anderes als eine Stätte, an der heilende Kräfte zum Fließen kommen. Nicht Maria oder die Kannon wirken da Wunder, sondern dadurch, dass sie visualisiert oder angerufen werden, werden Energien mobilisiert, die Trost, Heilung, Beruhigung und Zuversicht bringen. Es entstehen Mitgefühl, Gleichmut, Ehrfurcht und Ergebenheit, wenn keine Hilfe möglich erscheint. ∽

ERFAHRUNG

EIN BILD, das ich gerne verwende, ist Folgendes: Wenn wir uns die Erste Wirklichkeit als einen unendlichen Ozean vorstellen, dann sind wir so etwas wie die Wellen auf diesem Meer. Wenn nun die Welle erfährt „Ich bin das Meer", dann sind da immer noch zwei: Welle und Meer. In der mystischen Erfahrung aber wird auch diese Dualität überstiegen. Das Ich der Welle verfließt, und an seiner statt erfährt das Meer sich als Welle. Es erfährt sich in der Einheit von beiden und als Einheit von beiden. Diesen Schritt vollzieht der Mystiker nicht, er widerfährt ihm. Er betrachtet die Wirklichkeit nicht mehr als sein Gegenüber, gleichsam von außen, sondern er erfährt die Wirklichkeit von innen. Im Bild gesprochen: Er erfährt: Alles ist Welle und Ozean zugleich. Alles ist Ausdrucksform dieser einen Wirklichkeit. Und da alles Ausdrucksform derselben Wirklichkeit ist, gibt es auch eine absolute Verbundenheit mit allem. Das Meer ist alle Wellen und alle Wellen sind eine Einheit. Alles ist Kosmos, und alles im Kosmos ist Manifestation desselben kosmischen Seins. Das aber erfährt der Mystiker gerade darin, dass alle Unterscheidungen zwischen ihm und den Manifestationen des Seins aufhören. Mystik ist nicht jenseits von Gott und Welt. Mystik ist Gott und Welt, ein unteilbares Eines. Die Spannung zwischen den beiden Polen wird deshalb nicht aufgehoben. Es ist die Spannung zwischen dem einen Ende eines Stabes und dem anderen. Es ist die Spannung zwischen Welle und Meer, zwischen Ast und Baum. Gott und Mensch werden daher auch nicht gleich gesetzt. Das Meer offenbart sich als Welle. Meer und Welle kann man zwar verschieden ansprechen, aber ihr Wesen ist Wasser. Die Hand hat zwei Seiten. Wer mit dem Verstand hinschaut, muss eine Seite nach der anderen betrachten. Von innen werden beide Seiten als Eines erfahren. Deshalb ist es zugleich eine Erfahrung der völligen Leere und der totalen Fülle. ❧

DAS „WISSEN" wird in der mystischen Erfahrung überschritten. Das Denken Gottes bedeutet bereits eine Begrenzung. Das Wesentliche jeder Religion ist die Erfahrung der letzten Wirklichkeit. Sie überschreitet alle Schranken und Begrenzungen von Raum und Zeit.

Schranken und Begrenzungen entstehen nur dadurch, dass der Mensch das Unaussprechliche begrifflich festlegen will. Solche religiösen Ausdrucksweisen sind zeitbedingt und daher nicht von Dauer. Die Erfahrung aber ist zeitlos und übersteigt alle Unterschiede dogmatischer Art. Sie ist der gemeinsame Grund, auf dem die einzelnen Religionen aufbauen. ❧

„UNIO MYSTICA" ist der christliche Ausdruck für das Eintauchen in das kosmische, transmentale und transpersonale Eine. In anderen Religionen und Kulturkreisen haben sich für dieselbe Erfahrung andere Namen etabliert: Leerheit, Erleuchtung, Befreiung, Satori, Nirvana, Samadhi und dergleichen mehr. Immer geht es dabei um dieselbe Erfahrung des reinen Seins, in der alles so ist, wie es ist, und so wie es ist, auch vollkommen ist. Aber dieses reine Sein ist keine Substanz. Dort ist man nicht glücklich und nicht unglücklich, nicht zufrieden oder unzufrieden, nicht froh und nicht traurig. „Ich bin froh" wäre bereits ein Zurückfallen auf die Ego-Ebene. Im kosmischen Bewusstsein gibt es keine Seligkeit, kein Glück im Sinne eines Gefühls. Denn Gefühle sind immer Gefühle eines Ich. Es ist da nur Freude, aber nicht mehr „Ich freue mich"; oder Glückseligkeit, aber nicht mehr „Ich bin glücklich"; Verzückung, aber nicht „Ich bin verzückt." Wer das Ich überstiegen hat, dem erscheinen alle anderen Bewusstseinsebenen relativ, während das kosmische Bewusstsein in sich geschlossen und vollkommen und bis aufs äußerste erfüllt ist. Ja, es ist die Erfüllung all unserer Sehnsüchte. Und warum sollte es nicht das Ziel aller Wesen sein? Warum soll man es nicht „Himmel" nennen? ☙

AUF DER STUFE des kosmischen Bewusstseins spielt sich die eigentliche mystische Erfahrung ab: eine Erfahrung der Leere, der prädikatlosen „Gottheit". Hier erfährt der Mensch das „reine Sein", den Ursprung, aus dem alles kommt. Es ist die Stufe, die allem, was entstehen kann, voraus liegt. Darum ist es auch kein Sein, das Substanz wäre. Dionysius Areopagita hat das in einem Gedicht wunderbar ausgedrückt: „Die erste Ursache von allem ist weder Sein noch Leben. Denn sie ist es ja gewesen, die Sein und Leben erst erschaffen. Die erste Ursache ist auch nicht Begriff oder Vernunft. Denn sie ist es ja gewesen, die Begriffe und Vernunft erschaffen." Die mystische Erfahrung ist die Erfahrung des Einsseins von Form und Leerheit, das Erleben der Einheit der eigenen Identität mit der Ersten Wirklichkeit. Dieser Bewusstseinszustand ist Ziel des spirituellen Wegs. Er ist die mystische Erfahrung, und wem sie widerfuhr, ist anschließend ein anderer Mensch. Seine religiösen Vorstellungen haben sich gewandelt. Diesen Schritt zu vollziehen, ist in gewisser Hinsicht ein Sterben, weshalb er denn auch in der Tradition der Mystik der „Ich-Tod" genannt wird. ☙

DER EINZELNE und die Welt werden nicht durch moralisches Verhalten gerettet, sondern durch die Erfahrung des göttlichen Wesens. Diese Erfahrung führt zur Erkenntnis der Einheit aller Wesen. Aus dieser Einheitserfahrung kommt das Handeln. Das Wort: „Was ich dem anderen antue, tue ich mir an", wird zur Erfahrung. Wer das erfährt, trifft seine Entscheidungen nicht mehr nach Normen, die von außen vorgegeben werden. Eltern, Gesellschaft, Religion, Partei und Ideale haben diese Normen geformt. Wer die Einheit erfährt, erfährt sein Eins-sein mit allen Wesen und dem ganzen Universum und handelt daraus. Was existiert, ist ein Einziges. Jeder und jedes ist auch das Ganze. Die Handlungsmaximen kommen dann aus dem Urgrund. Egoismus ist unmöglich. „Es gibt keinen Weg mehr. Für den Gerechten gibt es kein Gesetz", sagt Johannes vom Kreuz auf einem Bild, auf dem er den Aufstieg zum Berg Karmel darstellt. „Liebe und tue was du willst!", sagt Augustinus. Der Mensch, der die Einheit aller Wesen erfahren hat, folgt der Eigendynamik der Liebe. Das macht niemanden zum Gesetzlosen. Das macht ethische Normen nicht überflüssig, es begründet sie noch einmal neu. ∞

ERKENNEN UND ERWACHEN

ERKENNEN HEISST: die Fixierung auf die Ich-Individualität überwinden und sich öffnen für die göttliche Wirklichkeit, die wir wesentlich sind. Nicht ich als individuelles Wesen erkenne mich oder die Welt, sondern die Welt erkennt sich selbst in mir – in ihrer personalen Manifestation, die ich „Ich" nenne. Verstehen ist mit anderen Worten nicht das Aneignen einer objektiven Wirklichkeit durch ein subjektives Individuum, sondern Verstehen ist das Zu-Sich-Selbst-Kommen der transpersonalen Wirklichkeit, des transpersonalen Bewusstseins. Ein echtes Verstehen der Wirklichkeit setzt daher die Selbstaufgabe der Ich-Individualität voraus. ᘉ

DAS GÖTTLICHE selber sucht in uns den Weg. Es möchte in uns und durch uns zur Entfaltung kommen. Das Suchen Gottes ist der Prozess der Evolution, der sich in uns als Sehnsucht äußert. Denn aufgrund unserer Ich-Werdung sind wir Menschen immer aus dem großen evolutionären Kontext herausgefallen. Mit der Menschwerdung beginnt für uns die Urtragödie der Vereinzelung. Sie ist der Urschmerz der Menschen, ein Trennungsschmerz, der nicht aufhören wird, bis der Mensch wieder ins Eine zurückgefunden hat. Aller Schmerz ist Trennungsschmerz. Alle Sünde ist im Grunde nichts anderes als Absonderung von unserem tiefsten Wesen. Wir haben eine Ahnung vom Ganzen behalten, und die weckt die Sehnsucht in uns. Heimweh gibt es nur, wenn man weiß, dass es eine Heimat gibt.

Dieses Heimweh kann nur gestillt werden, wenn wir unsere metaphysische Sehnsucht nach dem Einen zulassen und es schaffen, uns durch die Achtsamkeit von Geist und Körper in das evolutionäre Sein Gottes einzulassen. Das ist natürlich nicht eine Regression zurück ins Eine, sondern die Evolution, die zum Einen nach vorne führt – wobei es sich in Wirklichkeit gar nicht um ein „Vorne" handelt, sondern um ein Erfahren, dass die Einheit immer schon da ist. Das Ziel ist nicht das Auge des Taifuns, die ewige Ruhe. Ziel ist es, den Taifun Gott zu erfahren, der Auge und Sturm ist, Ruhe und Dynamik. Ziel ist die Erfahrung des Nicht-Zwei, die Erfahrung der beiden Seiten einer Münze als Eines. ❧

DER MENSCH wünscht sich einen Himmel, in dem es kein schlechtes Wetter, keine Zahnschmerzen, keine Erdbeben, Überschwemmungen, Kriege, Feindschaften und Probleme gibt. Aber es gibt nichts außerhalb dieses Urprinzips. Es ist alles eingeschlossen, was sich da in uns und um uns vollzieht, auch Leid, Krieg und Tod. Es gibt nichts außer diesem göttlichen Tanz. „Religiös sein" heißt, mitzutanzen und sich als Tänzer oder Tänzerin und als Tanz zu erfahren. Es fehlt uns leider die Leichtigkeit des Lebens: die Leichtigkeit des Tanzes, die Leichtigkeit des Kommens und Gehens, des Geborenwerdens und Sterbens. Wir sind schlechte Tänzer. Wir möchten immer den Schritt machen, der nicht dran ist. Und dadurch verhaspeln wir uns, treten uns und anderen auf die Zehen. Die Erfüllung unserer Sehnsucht liegt in uns, aber es ist nicht unsere Mitte, sondern die Mitte Gottes, die wir dort finden.

Die Menschen suchen den Erlöser draußen. Sie hoffen, dass es Jesus, Shakyamuni, Amida Buddha oder Shiva für sie macht. Unser Ich kann sich Erfüllung nur im Du vorstellen. Dass wir dieses Du, von dem wir alles erwarten, selber sind, lässt sich rational nicht begreifen. Die Erfüllung unserer Sehnsucht liegt in uns. Religion ist unser Leben, so wie es sich vollzieht. Hier und Jetzt ist es zu finden. Dieses Urprinzip manifestiert sich als Baum im Baum, im Tier als Tier und im Menschen als Mensch und, wenn es Engel und Teufel gibt, im Engel als Engel und im Teufel als Teufel. ౿

ERLEUCHTUNG

EINE VOLLE ERLEUCHTUNG wird nicht vielen geschenkt. Der fortschreitende Reinigungsprozess, der manchmal viel Ähnlichkeit mit psychoanalytischen Vorgängen aufweist, disponiert dafür. Normalerweise, aber nicht immer, folgt eine Erleuchtungserfahrung auf den Bewusstseinszustand des „Schauen in das nackte Sein" oder des „Gebetes der Ruhe". Dieser Zustand wird wie ein „Sog in die Tiefe" erfahren. In religiöser Sprache würde man sagen, dass nur ein leeres und gereinigtes Gefäß das Göttliche aufzunehmen vermag. Nach Eckhart kann Gott gar nicht anders, als sich in diese Leere ergießen. Die Erleuchtung selbst ist ein Gnadengeschenk. Gnade scheint dabei aber nicht so sehr die Erleuchtungserfahrung selbst zu sein, als vielmehr die Kraft, dem anerkannten Weg konsequent zu folgen und die schwierige Phase der Reinigung durchzustehen, bis die Seelenspitze ihre wahre göttliche Natur erfahren kann.

In welchem Umfang die letzte Wirklichkeit begreifbar wird, kann nicht logisch beschrieben werden. Der Mensch, dem eine solche Erfahrung widerfährt, ist überzeugt, dass er das Letzte und Tiefste berührt hat. Der religiöse Mensch zögert nicht, es „Gott" zu nennen. Es spottet aber jeder Begrifflichkeit. ⁊

DER WEG zur Erleuchtung hat nichts mit Selbsterlösung zu tun. Spätestens wenn ein Mensch in diese Phase eintritt, erfährt er, dass es ein anderer ist, der ihn reinigt. Es kommt zu einem Sterben, das furchtbarer sein kann als der eigentliche Tod. Es geht um die Befreiung von jeglicher Ichverhaftung. Aber das Ego sträubt sich bis zum Letzten. Der Mensch hängt im wahrsten Sinne des Wortes zwischen Himmel und Erde. Er ist verwirrt. Die Freuden des Alltags geben ihm keine Befriedigung mehr. Die Freude der Erleuchtungserfahrung ist ihm versagt. Das Unendliche lockt; er kann nicht mehr zurück; er hat gleichsam ein Stück Geschöpflichkeit aufgegeben, fühlt sich aber von Gott noch nicht ganz gehalten. Das ist die Gottverlassenheit, von der viele Heilige sprechen. Alles, was der Mensch jetzt tun kann, ist stillhalten, sich in der Kontemplation dem Schauen ins nackte Sein, der reinigenden Kraft aussetzen. Die Erleuchtungserfahrung ist im Grunde ein Läuterungsprozess, der in die tiefsten Bewusstseinsschichten hineinreicht. Anfänglich sind die Erleuchtungserfahrungen noch begleitet von sinnlichen Störungen, von Gefühlen, Eingebungen und Visionen. Erst wenn all diese Begleiterscheinungen wegfallen, ist der Reinigungsprozess abgeschlossen. ෴

DAS ZEITLOSE Bewusstsein manifestiert sich als das Unbekannte, Unmanifestierte, Absolute und Göttliche, das in der reinen Potenz, der Leere, der Freiheit ruht. Es besitzt keine Struktur, keine Form, keine Bewegung, es ist reine, unmittelbare Bewusstheit. Es ist zeitlos, allgegenwärtig und kennt keine Trennung. Das Unbekannte und Absolute erscheint auch als individuelles Leben, als eine spezifische, ganz konkrete Form, es manifestiert sich als unser ganz persönliches Leben. „Leere ist Form, und Form ist Leere", heißt es im Herzsutra. Dies ist der „hagios gamos", die heilige Hochzeit zwischen Himmel und Erde, zwischen Gott und Mensch, Leerheit und Form. Es konkretisiert sich als dieses, mein ganz individuelles Menschsein. Einzigartig, unverwechselbar, einmalig bin ich diese Note in der Symphonie Gott und bin zugleich die Musik, die zeitlos erklingt und weder Anfang noch Ende kennt. Ich bin eine Figur des unendlichen Spielers auf diesem Schachbrett Evolution. Dieser Spieler spielt sich selbst als diese Figur. Ich bin der/die Gespielte. Mich selbst auch als Spieler zu begreifen, das ist das Ziel aller Mystik.

Das erwachte Bewusstsein durchdringt und durchstrahlt die Welt. Es geht dabei nicht nur um eine Rettung aller Lebewesen im Sinne des ersten Gelübdes im Zen: „Zahllos sind die Lebewesen. Ich gelobe, sie alle zu retten." Es geht um eine Weiterführung des evolutionären Geschehens. „Unser Erwachen ist ein Erwachen Gottes und unser Auferstehen ist ein Auferstehen Gottes."

Das Erwachen der Menschen ist ein Erwachen Gottes. Das Erwachen der Gesellschaft ist ein Erwachen Gottes in der Gesellschaft. Und das Erwachen des Kosmos ist ein Erwachen Gottes in der Evolution. ⚭

ETHIK UND
MORAL

DIE MORAL mit all ihren Regeln und Empfehlungen hat uns keinen Schritt weitergebracht. Im Gegenteil: Sie hat unsere Egozentrik verstärkt und damit viel Unheil über die Menschen gebracht. Wenn unsere Spezies zu einem einvernehmlichen Leben finden und gut in die Zukunft kommen will, dann muss sie über das duale Denken und all seine Moral hinausfinden in die Erfahrungsdimension. Wenn wir diesen Schritt nicht gehen, dann fallen wir über den Rand. Es gab uns nicht immer in diesem Universum. Und es wird eine Zeit kommen, in der es uns nicht mehr geben wird. ❧

WIRKLICHE Weltverantwortung werden wir nur tragen können, wenn wir „erwacht" sind und wissen, was wir zutiefst sind, wenn wir ein Einssein aller Geschöpfe und eine tragende Liebe erfahren haben. Durch diese Erfahrung werden wir von innen her gewandelt. Wir wissen uns eingebettet in die Ordnung und Harmonie der Schöpfung, wissen, dass wir eine Erscheinungsform Gottes sind, dessen Leben wir und all unsere Mitgeschöpfe leben. Aus der Einheitserfahrung heraus, in die uns eine postmoderne Religiosität führen kann, werden wir uns zu einem wirklichen „Homo sapiens", einem weisen Menschen entwickeln. ❧

DIE MYSTISCHE ERFAHRUNG verändert den Menschen von Grund auf. Sie bringt zu Bewusstsein, dass alle unsere moralischen Normen mit unserem jeweiligen Selbstverständnis zusammenhängen, das seinerseits wieder von der Bewusstseinsstufe abhängt, auf der wir uns befinden. Auf einer anderen, transpersonalen Bewusstseinsstufe verändert sich unser Selbstverständnis – und mit dem Selbstverständnis auch unsere Moralvorstellung. Oder besser gesagt: Für denjenigen, der eine mystische Erfahrung gemacht hat, tritt die Moral in den Hintergrund. Denn er ist nunmehr ganz und gar von einer umfassenden Liebe zu allem und jedem erfüllt. Die Liebe wird ihm zur einzig bestimmenden Norm, die sein ganzes Tun und Lassen durchdringt. Für einen solchen Menschen gilt ein Wort von Augustin: „Ama et fac quod vis" – „Liebe und tue, was du willst", und man darf ergänzen: „gleichgültig was" – denn wenn dein Handeln vom Geist der Liebe durchdrungen ist, erfüllt es ganz von allein all das, was die Moral vorschreibt – und wird auch nicht mutwillig über alle Sitten und Bräuche hinweggehen, wäre dies doch schwerlich mit der umfassenden Liebe zu vereinen.

Das mystische Bewusstsein verweist auf Einheit. Wer sich eins mit dem anderen erfährt, kommt zu einer ganz neuen Grundlage für die Moral. Die Liebe ist die wahre Wirklichkeit – und selbst wo sich die Menschen von der Erfahrung dieser Ersten Wirklichkeit entfernt haben, bleibt sie doch als die gestalterische Kraft der Evolution und der Kulturentwicklung wirksam. Und als solche fließt sie in die moralischen Grundüberzeugungen der Kulturen und Religionen ein. (...) Moralische Gebote können eine Hilfe auf dem inneren Weg sein, aber eine Garantie für eine mystische Erfahrung sind sie nicht. Im Gegenteil: In ihnen steckt immer auch die Gefahr, sich zu sehr an moralische Disziplin und Askese zu binden und darin seinem Ich verhaftet zu bleiben. Denn es ist doch das Ich, das moralisch sein will und auf diese Weise in den Himmel zu kommen hofft. ∞

WENN WIR ERFAHREN, dass wir nicht getrennt sein können, dass wir vielmehr die Gegenwart Gottes in diesem unseren Leib sind, werden wir uns mit allem anderen verbunden fühlen. Und das ist der Anfang einer neuen Ethik. Weil wir das Leid der anderen als unser Leid erfahren. Es ist der einzige Weg, auf dem die Menschen zu dieser fundamentalen Erfahrung der Gleichheit kommen werden. Und es ist die eigentliche Revolution, die uns Menschen bevorsteht. Vorher werden wir nicht zu einer wirklichen Menschheitsfamilie finden. ∞

DIE QUALITÄT des Handelns richtet sich nicht nach dem guten oder schlechten Willen des handelnden Subjekts, sondern sie hängt ausschließlich davon ab, ob sie aus der mystischen Einheitserfahrung hervorgeht oder nicht. Geht sie aus der mystischen Erfahrung hervor, dann ist sie gesättigt mit einer umfassenden Liebe zu allen Wesen – einer Liebe, die nicht gewollt und nicht erstrebt ist, sondern die sich ganz von allein einstellt. Wo diese Liebe gedeiht, wird sie zur einzigen verbindlichen Norm des Verhaltens. An ihr muss sich jedes Tun und Lassen messen. Das heißt nicht, dass der Liebende es allen Recht macht. Liebe kann auch hart sein. Eine Mutter nimmt ihrem Kind die Schere aus der Hand – auch wenn es noch so schreit und tobt. ∞

DIE ENGFÜHRUNG von Religion und Moral tat der Religion nicht gut. Religion hat zunächst mit Moral nichts zu tun. Ein moralisch integeres, gutes Handeln entspringt als unmittelbare Konsequenz einer mystischen Einheitserfahrung. Wenn an deren Stelle die Androhung von Höllenstrafen tritt, ist moralisches Handeln nicht mehr etwas, was aus dem Inneren des Menschen frei erwächst, sondern es wird ihm von außen aufgezwungen. Und in eben diesem Außen wird ihm dann, so er denn die Gebote befolgt, die Erlösung versprochen. Man sieht daran, wie sehr die christliche Moral von der dualen Vorstellung getragen ist, Gott sei ein außerweltliches Wesen und der Mensch müsse in dieser Welt die Gebote des externen Gottes einhalten, um im künftigen Jenseits Erlösung zu finden. Die Mystik dagegen sagt: Der Mensch kann in der Welt Gott begegnen, und wo ihm dies widerfährt, erwächst in ihm moralisches Handeln. ∞

WENN MAN die Geschichte der Moral an ihre Ursprünge zurückverfolgt, gelangt man früher oder später zu den Religionsstiftern. Ich folgere daraus, dass sich die moralischen Kernsätze aller Kulturen und Religionen aus mystischen Erfahrungen speisen. Ihre gemeinsame Quelle ist der transpersonale Raum – woraus sich im Übrigen auch die großen Übereinstimmungen der Religionen in moralischen Belangen erklären. Die Normen und Gebote der Religionsstifter waren anfangs nichts anderes als Anleitungen zu einem Leben, das der von ihnen erfahrenen Wirklichkeit Gottes entspricht. Im Laufe der Zeit aber haben sich diese Anleitungen von ihren spirituellen Wurzeln gelöst und verselbstständigt. Die Moral ist zum Selbstzweck geworden. Und erst wo das geschehen ist, taucht die Frage nach ihrer Legitimität auf. ∞

EVOLUTION

DIE ÜBERKOMMENEN archaischen Gottesvorstellungen passen nicht mehr in unser Weltbild. Das Einbeziehen von Erkenntnissen der Quantenphysik, Astrophysik und der Relativitätstheorie hat das alte Gottesbild entthront. „Gott" hat mit der allgemeinen Entwicklung des Bewusstseins nicht Schritt gehalten. Viele Wissenschaftler sind heute an die Grenze des rationalen Wissens und Erfassbaren gestoßen und sprechen von dieser anderen Instanz, die nicht mehr mental erfassbar ist, sondern nur erfahren werden kann. Sie sind überzeugt, dass diese Instanz andere Fähigkeiten besitzt als unser Ich-Bewusstsein und dass es letztlich diese Fähigkeiten sind, die mit Hilfe des Ich-Bewusstseins die Evolution vorantreiben.

Der Stand der Zivilisation, in der wir leben, mit ihren Technologien, Informationsmöglichkeiten, dem politischen und gesellschaftlichen Pluralismus, gibt uns die Möglichkeit, uns mit der Ebene dieser inneren Instanz oder Urwirklichkeit intensiver zu befassen. Aber es wird wohl noch einige Zeit dauern, bis ein Großteil der Menschheit bereit ist, einen Perspektivwechsel vorzunehmen und die wirkliche Lösung der Probleme von innen her anzustreben. Immer mehr Menschen fragen aber heute nach dem Sinn ihres Daseins, und die traditionellen Religionen können ihnen darauf kaum mehr glaubwürdige Antworten geben. Die Theologie ist weitgehend auf ihren archaischen Vorstellungen sitzen geblieben. Sie hat sich von den anderen

Disziplinen immer mehr abgegrenzt und verschließt sich so auch einer innerdisziplinären Entwicklung. Dazu kommt die Schwierigkeit, neue Sachverhalte in überkommenen theologischen Begriffen zum Ausdruck zu bringen.

Der Glaube „an Gott" weicht heute nun der Sehnsucht nach einer spirituellen Erfahrung dieser „letzten Wirklichkeit". Es geht nicht um die Entwicklung neuer intellektueller Konzepte und Vorstellungen, sondern um ein umfassendes Begreifen dessen, was wir Gott, diese letzte Wirklichkeit, nennen. Der Mensch der Gegenwart kann hierfür an dem großen Erfahrungsschatz der westlichen und östlichen Mystik partizipieren, der letztlich über jede Religion hinausführt und erkennen lässt, das Gott das Innerste des evolutionären Geschehens ist. ❧

KOSMOS, Klima, Krieg, Politik, Ökonomie, Vernichtung, Tod und Zerstreuung bilden ein Art „Zeitbaum". An diesem Baum kann man nur aufwärts steigen, nie abwärts. Auf diese Weise entwickelt sich das Universum in immer neue Strukturen hinein. Es ist ein großes Spiel. Einen Spielzug kann man nicht zurücknehmen. Aus diesem Zug ergeben sich spielerisch neue Züge. So fließt ein Spiel unberechenbar und doch berechenbar dahin. Es gebiert sich gleichsam jeden Augenblick neu. Jede anscheinend feste Struktur ist nur gebremste Zeit. Aber hinter diesen Spielregeln steht etwas, was dieser sich selbst entwickelnde Spieler kreiert. Es ist am Ende also kein blindes Spiel. Es folgt, obwohl wir das nicht erkennen können, einem transrationalen Bewusstsein, menschlich gesprochen folgt es einem unsichtbaren Plan. ❧

SOLLTE ES einen Urknall gegeben haben, dann war Bewusstsein bereits in den Anfang integriert. Es hat sich offenbar im Laufe von Jahrmillionen entfaltet und wird sich noch weiter entfalten. Im Menschen ist es zu einer Höhe gelangt, die eine alles Begreifen übersteigende Erfahrung möglich macht. Wir nennen diese Erfahrung transpersonal oder mystisch. Manchmal sprechen wir auch von einer vierten Dimension des Bewusstseins. Das menschliche Bewusstsein kann hinter die Aktivität des Tagesbewusstseins schauen. Es kann mit dem Grund eins werden, aus dem alles entsteht. Der Mensch kann sein persönliches Bewusstsein transzendieren und einer kosmischen Einheit innewerden, die wir in der traditionellen religiösen Sprache „Gott", „das Absolute" oder „das Numinose" nennen. Es ist offensichtlich der Seinsgrund des Menschen. Solange er von diesem Grund abgespalten ist, kann er seinem Leben keinen Sinn geben. Errettung oder Erlösung ist also die Überwindung dieser illusionären Trennung, der unser Ichbewusstsein ständig verfällt.

Wir haben uns zu öffnen und in die nächste Dimension des Bewusstseins hineinzuwachsen. Der Geist kehrt zu sich selber zurück in der Evolution des Kosmos. Unser intellektuelles Bewusstsein ist nur ein Zwischenstadium. Der Weg der Kontemplation, des Zen oder des Yoga soll uns helfen, in diese nächste Bewusstseinsstufe hineinzuwachsen. Auch die Religionen haben ihren intellektuell-dogmatischen Anteil zu transzendieren und den Menschen in die Erfahrung des transpersonalen Göttlichen zu führen.

Die Geschichte des Menschen ist eine Geschichte der Entfaltung von der Amöbe über das Reptil zum Affen und zum Menschen, also offensichtlich eine Bewegung vom Niederen zum Höheren, gleichzeitig eine Entfaltung unseres Bewusstseins und – damit verbunden – auch unseres religiösen Selbstverständnisses. Wir sind als Menschen aus einer prämentalen Zeit in das mentale Zeitalter eingestiegen. Dazwischen liegt das Zeitalter des magischen und mystischen Bewusstseins. Warum sollte die Entwicklung nicht weitergehen und das, was manche Heilige und Mystiker ahnen, nämlich dass der Mensch im transmentalen Bewusstsein seine nächste Entwicklungsstufe hat, nicht tatsächlich stimmen? Wir scheinen etwa in der Mitte unseres Weges zum vollen und ganzen Menschen zu stehen. Gerade da sind wir besonders gefährdet. Nicht mehr Tier, haben wir doch noch nicht unsere volle Reife erlangt, nämlich jene mystische Dimension des Bewusstseins, in der offensichtlich die Zukunft des Menschen liegt. Bis wir dort angekommen sind, befinden wir uns in einem eher tragischen Stadium, wie die augenblickliche Situation unserer Welt beweist. ✑

ES GIBT in der Tat eine Evolution des Bewusstseins, wie Jean Gebser, Ken Wilber und andere gezeigt haben. Wir kommen aus einem archaischen Vorbewusstsein und haben uns dann in ein magisches Bewusstsein weiterentwickelt. Von ihm finden wir noch Spuren in den mythologischen Überlieferungen der alten Kulturen, in den Märchen und bei manchen noch lebenden Völkern, von denen uns die Ethnologen Kunde geben. Dann aber kam die Menschheit an einen Punkt, an dem es ihr nicht mehr gelang, auf dieser Bewusstseinsebene sich und die Welt zu deuten. So schritt das Bewusstsein voran auf eine mythische Ebene. Nun gab es einen Götterhimmel – oder auch nur einen einzigen Gott –, der die Welt organisierte und schützte. Kurz: Es entstanden die Religionen, wie sie auch heute noch das Leben vieler Menschen gestalten und prägen. Aber die Zeit, in der das religiös-mythische Bewusstsein alle Lebensbereiche umfasste, ist vorbei. Eine weitere Bewusstseinsebene wurde erreicht: das mentale Bewusstsein, das seit einigen Menschenaltern unser Welt- und Selbstverständnis beherrscht. Nun aber erleben wir, dass uns die Ausprägung und Fortentwicklung unserer mentalen Fähigkeiten an eine Grenze führt. Wir erreichen eine Schwelle, die wir vermöge unseres wissenschaftlichen und technischen Verstandes zwar weiter ausdehnen können, die wir aber mit dem Verstand nicht überschreiten können. Damit ist der Punkt erreicht, an dem wir gezwungen werden, die bislang noch in uns schlummernden Potenzen freizusetzen, um durch sie mehr von dem zu erfahren, was Wirklichkeit eigentlich ist. Dieses Freisetzen schlummernder Bewusstseinsvermögen liegt im transpersonalen Bewusstseinsraum. Es ist – Mystik. ☙

JE TIEFER unsere Erfahrung, umso umfassender wird unser Mitgefühl sein. Viele Menschen sind inzwischen „aufgewacht", und die Menschheit als Ganze steht vor einem spirituellen Entwicklungssprung. Die Evolution dessen, was wir Abendländer Gott nennen, schreitet voran, und unsere nächste Entwicklungsstufe wird uns auf eine ganze neue Ebene des Erkennens führen. Mir scheint, dass wir vor einer zweiten kopernikanischen Wende stehen. Wir hielten einmal die Erde für den Mittelpunkt des Weltalls. Es dauerte lange, bis wir Menschen uns von dieser Ansicht trennten. Heute meinen viele noch, unser Ich sei die Mitte unseres Wesens. Auch diesmal wird es lange dauern, bis Theologen, Naturwissenschaftler und Philosophen dies als Irrtum erkennen. ☙

GEFÜHLE

EMOTIONEN sind wie Wolken, die über den blauen Himmel ziehen, die ihn vielleicht vorübergehend verdunkeln, dann aber aus dem Blickfeld verschwinden. Die Desidentifikation von unseren Befindlichkeiten befreit von der Ich-Fixierung und öffnet den Blick für unser wahres Wesen. Sie hat nichts mit Verdrängen zu tun. Ich vergleiche die Emotionen, Stimmungen, Gedanken und Ereignisse gerne mit einem Sturm auf dem Weltmeer. Was kümmert es das Weltmeer, wenn in der Biskaya ein Sturm tobt? Es gilt, diesen Sturm zu erleiden, bis er vorbei ist. Je weniger wir uns mit ihm identifizieren, umso weniger Kraft entwickelt er. Das heißt nicht, dass wir nicht mehr fühlen können. Es heißt nur, dass unter allen Aufwallungen unserer Psyche ein Kern ruht, der von alledem unberührt bleibt. Wir werden nicht mehr von unseren Emotionen beschlagnahmt. Sie treiben uns nicht mehr davon. Sie werden verwandelt. Ruhe tritt ein. Allerdings besteht dann die Gefahr einer neuen Identifikation mit diesem Ruhezustand. Auch ihn gilt es dann in einem weiteren Schritt loszulassen.

Die Verwandlung besteht darin, dass wir eine innere Distanz zu ihnen aufbauen: Wenn jemand wütend ist, soll er wütend sein, aber er soll vollkommen wach wütend sein. Die Wut darf sein Bewusstsein nicht ersticken. Ist er sich seiner Wut bewusst, dann wird sie sich langsam auflösen. Es ist dumm, ihr weiterhin nachzulaufen und sie auszuleben. Das Gleiche gilt für Hass oder Gier: Man hat zu lernen, sie anzuschauen, wach zu sein. Dann wird man frei und erkennt, dass all diese Emotionen nur Abläufe sind, die wie Wolken über die Psyche ziehen. Zen lehrt: Wenn der Mönch ein angenehmes Gefühl hat, weiß er: „Ich erlebe ein angenehmes Gefühl." Wenn er ein schmerzliches Gefühl hat, weiß er: „Ich habe ein schmerzliches Gefühl." Wenn er ein angenehmes weltliches Gefühl erlebt, weiß er: „Ich erlebe ein angenehmes weltliches Gefühl." Wenn er ein angenehmes nicht-weltliches Gefühl hat, weiß er: „Ich habe ein angenehmes nicht-weltliches Gefühl." So verweilt er und übt die Kontemplation der Gefühle – innerer und äußerer. Er verweilt in den Ursprungsbedingungen der Gefühle. So wird sein Bewusstsein für seine Gefühle im rechten Maße entwickelt. Ungebunden verweilt er. Er hängt sich an nichts in der Welt. Das heißt nicht, dass ich meine Emotionen nicht auch sichtbar machen darf. Die andern dürfen und sollen auch meine momentane Gestimmtheit spüren. Aber es ist ein großer Unterschied, ob ich reagiere oder als Herr der Situation agiere. ❧

DIE GEFÜHLE verhalten sich oft wie selbstständige Wesen, die fähig sind, das Ego restlos aus dem Gleichgewicht zu werfen. Verdichten sie sich zu Komplexen, gebärden sie sich wie Teilpersönlichkeiten, die ein eigenes Leben führen. Solche Komplexe sind manchmal nicht bewusst. Viele Menschen fürchten sich daher, sich in ihre tieferen Bewusstseinsschichten einzulassen. Sie fürchten, es könnte etwas aufbrechen, das sich nachher ihrer Kontrolle entziehen könnte.

Das Identifizieren mit aufsteigenden Gefühlen ist eine der Ursachen, die den Menschen von seinem wahren Wesen trennen. Das klingt sonderbar. Aber es ist das rastlos tätige Ego, das Situationen vorspiegelt, die nicht der Wirklichkeit entsprechen. Der Mensch lebt in der Annahme, dass die vom Alltagsbewusstsein wahrgenommene Welt die Wirklichkeit ist. So verfällt er einer ständigen Täuschung. Im Versuch, die vorgetäuschte Situation zu bewältigen, gerät er immer wieder in die gleichen Verhaltensmuster und entfremdet sich so seinem wahren Wesen.

Die Dinge liegen nicht so, wie sie das Ego erfährt. Die Mystik nennt diese so erfahrene Situation manchmal einen Traum. Die Wirklichkeit, zu der man in der Tiefenerfahrung erwacht, ist die eigentliche und erste Wahrheit. Der dem Ego ausgelieferte Mensch fällt ständig dessen Eigendynamik zum Opfer. Daraus entstehen seine Alltagsschwierigkeiten. Diese sind Produkte einer oberflächlichen „Weltanschauung" und eines falschen Selbstverständnisses. Es fehlt das wahre Unterscheidungsvermögen.

Ist der Mensch durch die Kontemplation wirklich in seine Mitte gelangt, überwältigt ihn kein Problem mehr. Er bleibt auch bei sogenannten Schicksalsschlägen ruhig, wenn er etwa Besitz und Freunde verliert, verleumdet wird oder zu wenig oder keine Anerkennung und Zuwendung erfährt. Hat man den wahren inneren Standpunkt gefunden, bleibt man auch in emotionalen und intellektuellen Erschütterungen gleichmütig.

Das bedeutet jedoch nicht, dass der kontemplative Mensch gefühlsarm wird. Im Gegenteil: Er kann Gefühle zulassen, weil er weiß, dass sie ihn nicht überwältigen werden. Er kann sich dem Schönen des Lebens hingeben, und es gelingt ihm, sogar dem Hässlichen seine wahre Schönheit abzugewinnen. Kann einer den Zustand der Ruhe im Ansturm der Gefühle bewahren, hat er den Schlüssel zu einem gelassenen Leben gefunden. ≈

DIE PSYCHOTHERAPIE versucht, den Menschen zur Identifikation mit seinen Gefühlen und Stimmungen zu bringen. Die Kontemplation und alle anderen esoterischen Wege dagegen lehren die Entidentifikation. Sie hilft, die Bewegungen unserer Psyche – Begierden, Erwartungen, Ängste, Aggressionen – zu neutralisieren. Wir projizieren dann nicht so viel in unsere Probleme hinein. Wir blasen sie nicht auf wie einen Luftballon. Es zahlt sich nämlich nicht aus, seine ganze Kraft in die Beseitigung dieser Aufwallungen unserer Psyche zu verlieren. Was kümmert es den Berg, wenn einige Wolken um ihn ziehen? Unser tiefstes Wesen bleibt unberührt.

All die psychischen Zustände sind nicht unser tiefstes Wesen. Es sind Abläufe, die verschwinden, wenn ihre Kraft verpufft ist. Diese seelischen Kräfte gehören zu uns und sind sehr wichtig für unser Menschsein, aber wir müssen lernen, sie zu haben und zu steuern, nicht umgekehrt, dass sie uns haben und uns steuern. Wenn wir uns nicht identifizieren und nicht fortreißen lassen, lässt ihre Intensität nach. Wenn wir uns aber mit ihnen identifizieren, werden sie leidvoll.

Die Desidentifikation öffnet uns die Möglichkeit, in den transpersonalen Raum vorzustoßen und unser wahres Wesen zu erkennen. Dort ist Ruhe. Die Gefahr, dass wir uns dann aufs Neue mit einem psychischen Zustand (z. B. der Ruhe) identifizieren, ist allerdings groß. Ruhe ist noch nicht das letzte was es zu erfahren gibt. Darum bleibt die Grundanweisung bestehen: Lass los! ❧

GEMEINSCHAFT

WENN MENSCHEN – egal welcher Tradition – in die höhere Bewusstseinsebene durchbrechen (oder doch wenigstens eine Ahnung davon bekommen), dann erfahren sie Einheit. Sie spüren, dass sie nicht isoliert sind. Sie erleben sich als eine Masche in dem großen Netz des Lebens. Diese Einheitserfahrung mündet in eine universale Liebe. Diese Liebe ist nicht die Liebe zu diesem oder jenem, sondern sie ist eine existenzielle Verbundenheit, die das Leid anderer Menschen spürt und als eigenes Leid erfährt. In dieser bedingungslosen Liebe besteht kein Zweifel daran, dass ich in Wahrheit mir selbst helfe, wenn ich dem anderen beistehe. Und im Bewusstsein dieser existenziellen Verbundenheit begreife ich, dass das Grundprinzip des Lebens und der Evolution nicht darin besteht, den Gegner auszuschalten oder zu bezwingen, sondern in der Kooperation eines Biotops gemeinschaftlich zusammenzuarbeiten. Das Leben besteht nur da fort, wo sich eine Gemeinschaft in Liebe verbunden weiß. Wobei Liebe eben den Ausdruck jener Einheitserfahrung meint, die zu erfahren dazu führt, dass wir Menschen uns in unserer Verbundenheit bewusst werden – auch dort, wo wir anderer Ansicht sind; auch dort, wo wir anderen Kulturen entstammen. Die Erfahrung der Einheit bedeutet nicht, dass mir fortan alle Katzen grau sind. Differenzen hören nicht auf zu existieren – aber sie werden doch integriert in einem gemeinsamen Weg, der keinen ausklammert oder diffamiert. ∞

WIR KÖNNEN uns nicht allein, unabhängig von allem, entwickeln. Wer sich allein außerhalb der allgemeinen Vernetzung
entwickeln will, isoliert sich und schadet dem Ganzen und
letztlich sich selbst. Die Krebszelle, die rücksichtslos wächst,
zerstört den ganzen Körper und damit auch sich selbst. Unser
Entwicklungsprozess vollzieht sich in ständigem Austausch
mit unserer äußeren Umgebung und unseren innerseelischen
und transpersonalen Prozessen. Individualität und Ganzheit
schließen sich nicht gegenseitig aus. Sie sind koexistent, und
das bedeutet, dass wir nur in Beziehung und Gemeinschaft, in
Beziehung mit dem Lebenspartner oder der Lebenspartnerin,
in Beziehung mit Freunden und Freundinnen, mit Weggefähr-
ten, mit der Gemeinschaft und der Völkergemeinschaft wachsen können. Wir brauchen das Gegenüber zur Selbstwerdung.
Wir brauchen den ganzen Kosmos zur Selbstwerdung, denn
nur in der Begegnung werden wir Mensch. Je mehr wir uns
als Mensch verwirklichen, desto weniger grenzen wir uns ab,
umso mehr können wir uns in Liebe zu allem öffnen. ⚮

DAS GÖTTLICHE LICHT dringt ungehindert durch alles
hindurch, wir sehen es nur nicht. Wir haben uns selber, unsere
eigene wahre Gestalt in Jesus zu erkennen. Das Christusbe-
wusstsein will sich an uns wiederholen. Auch wir sind ‚Gottes
voll'. Auch wir sind vom Göttlichen her transparent. Auch wir
sind ‚theophan', eine Erscheinungsform des Göttlichen. Die
Transfiguration, die Durchformung, ereignet sich auch an uns,
auch wenn wir es nicht sehen. Leider sind unsere Augen gehalten wie die Augen der Jünger lange Zeit gehalten waren.

Das Leben wäre so einfach, wenn wir immer erkennen könnten, wer wir sind. Wenn wir in unsern Nachbarn erkennen
könnten, wer sie sind. Wenn wir ihr Strahlen, das auch durch
ihre Kleider dringt, erfahren könnten. Wir sehen noch nicht,

dass die ganze Welt ‚Tabor' ist, dass selbst alles Leid davon durchdrungen wird. Wir leben mit strahlenden, leuchtenden Menschen zusammen. Wir sind nur noch nicht so weit, dass wir das erkennen können. Einmal werden wir uns als Menschen so weit entwickelt haben, dass wir uns als Söhne und Töchter Gottes erkennen. Dann und nur dann wird Friede sein. ❧

GOTT

UNTER GOTT verstehe ich das, was existiert, das Sichtbare und Unsichtbare. Alle Strukturen sind Strukturen Gottes. Alle Formen sind Formen Gottes. Gott kreiert sich selbst in allen Wesenheiten. Daher kann nichts von ihm getrennt sein. Nur er kann „Ich" sagen. Denn es gibt nichts außerhalb von Gott. Wie könnte ihm etwas gegenüberstehen? – Gott ist die Symphonie, die erklingt. Er hat sich keine Symphonie komponiert, die er sich jetzt anhört, die er dirigiert; er erklingt als diese Symphonie und alle Formen sind nur individuelle Noten. Letztlich ist es die Entfaltung der Ersten Wirklichkeit in der Erscheinungswelt. Oder, um ein anderes Bild zu gebrauchen: Es gibt nur Facetten des Einen. Auf unserem Weg gilt es das zu erfahren, nicht nur darum zu wissen. ❧

WAS WIR Abendländer seit einigen Jahrtausenden ,Gott' nennen, steht für Einheit und Ganzheit des evolutionären Geschehens. Ein planendes und direkt eingreifendes Wesen außerhalb anzunehmen, ist mit unserem zeitgenössischen Weltbild wohl nicht mehr zu vereinbaren. In der tiefen mystischen Erfahrung existiert kein Gegenüber. ❧

GOTT, das ist das, was vor allem war und ist. Meister Eckhart nennt es Gottheit, Dionysius sagt: „Die erste Ursache von allem ist weder Sein noch Leben. Denn sie ist es ja, die Sein und Leben erst erschaffen hat. Die erste Ursache ist auch nicht Begriff oder Vernunft. Denn sie ist es ja gewesen, die Begriffe und Vernunft erst erschaffen hat. Die erste Ursache ist auch keine Macht. Denn sie ist es ja gewesen, die die Macht erst erschaffen hat."

Warum bleiben wir nicht bei den wunderbaren Bildern: Gott ist der Rebstock, wir sind die Rebzweige. Gott ist die Quelle, wir sind der Bach. Gott ist das Meer, wir sind die Welle. Gott ist Beziehung, aber es ist eine „innergöttliche Beziehung". Es ist die Beziehung der Welle zum Ozean, des Astes zum Baum. Man kann beide nicht trennen. Gott ist wie ein Fächer, der sich entfaltet, aus dem keine Falte herausfallen kann. Wir sind eine Falte Gottes.

Die Väter hatten Bilder für die Einheit von Gott und Mensch: zum Beispiel Sonne und Licht. Ohne Sonne gibt es kein Licht, oder: Quelle und Bach, Wurzel und Baum. Wer nur den Baum anschaut, kann vergessen, dass er Wurzeln hat. Wer nur den Menschen anschaut, kann vergessen, dass Gott seine Wurzel ist. Hat nicht auch Jesus vom Weinstock und den Rebzweigen gesprochen? Damit ist der Unterschied zwischen Mensch und Gott klar ausgedrückt. Sie sind Nicht-Zwei. Das Eine ist in allem und alles ist auch im Einen. Die Welt ist ein heiliger Organismus. Wir haben uns leider in eine illusorische Welt vernarrt. Unser dualistisches Weltbild hat uns von Gott getrennt. Unser „Wissen" über Gott hat aus uns Fremdlinge in dieser Welt gemacht.

Gott wirkt, und der Mensch wird. Das ist die Gottesgeburt in der Seele. Gott kann nichts Abgespaltenes sein, er kann uns nicht gegenüberstehen, von uns getrennt, sondern er ist die Quelle, die uns hervorbringt. Das führt zu einer umfassenden Lebenserfahrung mit und aus Gott und zu einem sinnerfüllten Leben. Aus dem „An-Gott-Glauben" wir ein „Aus-Gott-Leben". Gott verströmt sich als Mensch.

Der Vollzug unseres Lebens ist der wahre Gottesdienst. Gott möchte in uns Mensch sein, an diesem Platz, zu dieser Zeit, an diesem Ort. Das ist der einzige Grund, warum wir Mensch geworden sind. Das, was grenzenlos und zeitlos ist, versucht unser Ich in Grenzen und Zeichen zu erfassen, die unserer Kultur gemäß sind.

Warum sollte die Welle nicht den Ozean ansprechen dürfen und die Rebe nicht den Rebstock? Die Rebe erfährt, dass sie Rebstock ist, und die Welle, dass sie Wasser des Ozeans ist. Und was hindert den Ozean daran zu sprechen: Ich bin die Welle? Und wenn die Welle erfährt, was sie wirklich ist, wagt sie zu sagen: Ich bin Ozean. Aber dann spricht der Ozean aus ihr und nicht das Ich der Welle.

Wir haben Angst, so etwas zu sagen. Einen Unterschied zwischen Gott und Mensch zu machen ist uns, fast hätte ich gesagt, eingetrichtert worden. Wir haben Gott und den Menschen, Gott und die Welt auseinandergerissen. ❧

GOTT UND MENSCH verhalten sich zueinander wie Gold und Ring. Sie sind zwei ganz verschiedene Realitäten. Gold ist nicht Ring und Ring ist nicht Gold. Aber in einem goldenen Ring können sie nur zusammen auftreten. Sie sind koexistent. Das Gold braucht eine Form, um zu erscheinen, und der Ring braucht ein Material, um sichtbar zu werden. Sie sind Nicht-Zwei. Das Gold offenbart sich als Ring. So offenbart sich Gott als Mensch. Sie können nur zusammen erscheinen. Das ist für mich der Sinn der Inkarnation Jesu. Es soll darin sichtbar gemacht werden, dass alles eine Inkarnation Gottes darstellt, von den Quarks und Leptonen bis hin zu den rein geistigen Formen, von denen wir keine Ahnung haben. Wir sind „Gottmenschen". Ich kann auch sagen: Gott hat sich als Mensch manifestiert. ❧

VATER, SOHN, Heiliger Geist, Hirte, König, Fels sind nur Metaphern, Ausdeutungen von Liebesliedern. Wer ein Liebeslied rational erklären muss, hat nicht verstanden, um was es geht. Wer ein Gedicht deuten muss, hat sicher das Eigentliche nicht begriffen. Wer uns auf das rationale Erkennen Gottes festlegen will, bleibt in einer kindlichen Religiosität stecken. Gott und Mensch, das ist wie ein Stab mit zwei Enden. Es gibt keinen Stab, der nur ein Ende hat. Mensch, Materie, Kosmos sind das andere Ende des Stabes. Sie sind das eine Ende des Stabes Gott. Die Naturwissenschaft sagt uns heute, dass Materie wohl nichts anderes ist als „verlangsamte Energie", „geronnener Geist", „Kruste des Geistes". Nikolaus von Kues spricht von der unendlichen Linie. Wir sind ein Punkt auf der unendlichen Linie Gott. ෯

GOTT IST die Gestaltungskraft in jeder Gestalt. Gott ist nie ohne Gestalt. Gott ist in ständiger Inkarnation. Diese Urwirklichkeit, die Jesus „Vater" nannte, wird Gestalt als Logos, das heißt wird Gestalt als Blume, als Tier, als Galaxie, als Kosmos, als Mensch, als ich. Sie wird Gestalt als alles, was Gestalt hat. In jeder Gestalt ist sie ganz. ෯

GOTT IST das Innerste der Evolution. Er/Es vollzieht sich als das, was wir Universum nennen. Er/Es ist das Leben schlechthin und nicht etwas außerhalb. Er/Es vollzieht sich auch als das, was ich bin. ෯
Der Spieler des Universums sitzt nicht draußen und zieht Figuren wie bei einem Schachspiel. ER/ES entfaltet sich als Spiel, ER/ES kreiert sich als Spiel. ER/ES spielt sich selbst. Die Spielregeln entwickeln sich immer neu im Fortgang des Spiels. Es gibt keinen Punkt Omega. Es gibt nur das zeitlose Jetzt. Wo war Gott, als die Flut kam? Sie kam nicht, weil der Mensch böse war, wie uns die biblische Sintflut sagt. ER/ES geht unter, und

ER/ES geht nicht unter. ER/ES ist der Weltuntergang. ER/ES geht unter als Weltuntergang und manifestiert sich als neuer Urknall, falls es ihn geben sollte. Nein, der Spieler des Universums sitzt nicht irgendwo außerhalb, lässt die Erde beben und vernichtende Fluten kommen. Das ist eine kindliche Religiosität. Was wir Gott nennen, vollzieht sich als Kommen und Gehen. ⍟

DIE VORSTELLUNG von einem strafenden Wesen ist eine der schlimmsten Verirrungen der Religionen. Wir können das, was wir Gott nennen, nicht beleidigen. Das ist eine kindliche Vorstellung, die wir nicht in einen Erwachsenenglauben übernehmen sollten. Ein Gott, der von einem Menschen beleidigt werden könnte, wäre eine lächerliche Gestalt. ⍟

HEIL UND
HEILUNG

WICHTIGER als „Krankheit" oder „Gesundheit" ist aus Sicht der Mystik der Begriff des Heils. „Heil" meint etwas anderes als Gesundheit. „Heil" umfasst immer auch psychische oder geistige Aspekte. So kann ein „kranker" Mensch durchaus „heil" sein, während ein „gesunder" Mensch durchaus nicht „heil" sein kann.

Es bedeutet, den Sinn seines Lebens begriffen zu haben und es entsprechend deuten zu können. Das eigene Leben kann auch dann sinnvoll sein, wenn die äußeren Umstände widrig sind. Deshalb schließt „Heil" eine religiöse Komponente ein. Es erwächst aus dem religiösen Bereich, denn allein dort erschließt sich die Sinndimension des Lebens. Der Weg führt nicht unbedingt durch das, was der Mensch Glück nennt. Der Weg des Heils kann auch durch Not, Krankheit, Probleme aller Art, durch Tod und Unterwelt führen.

Wer wirklich heil ist, ist sicher auch glücklich – aber nicht jeder, der sich glücklich nennt, ist deshalb auch heil. Was wir gemeinhin als „Glück" bezeichnen, hat eine starke personale Komponente. Es ist das Ich, das sich für glücklich hält; Glück bedeutet für das Ich die Abwesenheit alles Unangenehmen und Leidvollen – das Gefühl, das sich einstellt, wenn die Wirklichkeit mit dem Willen übereinstimmt. Aber wo das geschieht, muss es nicht zwingend dem Menschen zum Heil gereichen. Ich habe glückliche Menschen im Rollstuhl getroffen und Unglückliche, die sich jeden Wunsch erlauben konnten. ☙

DER MENSCH sucht im Allgemeinen mehr nach Glück als nach Heil. Was der Mensch unter Glück versteht und was er unter Heil versteht, ist nicht dasselbe. Glück und Heil gehören zwar irgendwie zusammen, aber wenn wir zu diesen Worten Assoziationen suchen, kommen wir auf ganz verschiedene Begriffsinhalte. Die Menschen meinen etwas ganz Verschiedenes, wenn sie diese Worte gebrauchen. Glück hängt zusammen mit angenehmen Erlebnissen. Dazu gehören Essen, Wohnen, die Erfüllung der leiblichen Bedürfnisse, aber auch Angenommensein, Zuwendung, Status haben, Geborgenheit. – Nicht zum Glück gehören Angst, Leid, Konflikte, Einsamkeit, Tod.

Heil dagegen meint etwas ganz anderes. Wenn wir von Heil sprechen, denken wir nicht einfach an ein glückliches Leben. Heil meint viel mehr, eine endgültige Antwort auf den Sinn des Lebens gefunden zu haben. Die Heilswege sind zwar ganz verschieden, haben aber alle eines gemeinsam. Sie führen durch Konfrontation, durch Not, durch Angst, durch Sterben und Tod. So können sich Heil und Glück in unserem Leben widersprechen. Der Weg zum Heil ist keine breite Straße. Er führt oft durch eine enge Pforte, über einen steilen Weg, er führt durch die Tiefe des Unbewussten, dort werden wir konfrontiert mit Menschen, mit der Welt, mit dem Bösen, mit Tod und Gott. ☙

HEILEN bedeutet, die Ordnung und Harmonie des ganzen Menschen wieder herstellen. Das führt auch zur Heilung der Symptome. In jedem Menschen ist heilende Kraft von Natur aus angelegt oder latent vorhanden. Es ist nicht unsere Kraft. Es ist die „Urkraft", die in unserer Tiefe ruht. Sie möchte geweckt werden. Sie kann unsere gängige Medizin nicht ersetzen. Aber sie kann sie ergänzen.

Es geht mir um eine vollkommen neue Sicht von Welt und Mensch, von Körper, Psyche und Bewusstsein und als Folge davon um eine ganz neue Einstellung zu Gesundheit, Krankheit, Leiden, Sterben und Tod. Das neue wissenschaftliche Denken rückt Gesundheit und Krankheit in ein neues Licht. Auch die Schulmedizin erkennt allmählich die Einheit von Geist und Körper, und dass wir aktiv an Krankheit und Gesundheit unseres Körpers mitwirken. Eine Krankheit ist weder ausschließlich Sache des Körpers noch ausschließlich Sache des Geistes. Die Erkenntnis der Interaktion von Geist, Psyche und Körper führt zu einem Paradigmenwechsel in der Medizin und damit zu einer neuen Interpretation des physischen Körpers. Unser Körper ist keine bewusstlose Maschine, die man einfach reparieren kann, indem man Teile entfernt oder ersetzt. Es ist kein Konglomerat von Molekülen, vielmehr ein Prozess, und die Vorgänge formen einen Körper. Und – dies ist inzwischen längst erwiesen: Wir können ganz bewusst in unseren Körper und unsere Psyche eingreifen, können unseren Körper durch neue Einsichten beeinflussen. ◌

ICHBEWUSST-
SEIN

UNSER ICH ist, so sagen es Neurowissenschaft und Mystik übereinstimmend, eine Illusion. Diese Illusion verschleiert unser wahres Wesen. Das Ich ist nur das Instrument, auf dem das Eine spielt. Es hat keine Permanenz. Die Permanenz liegt in dem, was wir unser wahres Wesen nennen. Unser Ich ist nur ein System, das Informationen verarbeitet. Es fügt Wahrnehmungen aus dem Gedächtnis und dem Augenblick zusammen und täuscht so eine gewisse Permanenz vor. Es kreiert eine ganz bestimmte Welt und erlaubt uns, uns in dieser Welt zurechtzufinden.

Unser Selbstbild ist gleichsam eine Maske, hinter der sich das Eigentliche, das Wahre, verbirgt. Natürlich ist es wichtig, unsere Persönlichkeit zu entwickeln, unseren Verstand zu schulen, unsere Gefühle zu erleben. Es ist wichtig, einen Beruf zu ergreifen, Beziehungen einzugehen, den Lebensunterhalt zu sichern. Dafür brauchen wir ein stabiles Ich. Doch es ist falsch, wenn wir glauben, dass wir unser Körper, unsere Gefühle, unser Verstand sind. Wir identifizieren uns mit unserer Person und vergessen dabei, dass diese nur eine Rolle ist, durch die unser wahres Wesen hindurchtönt. Aus dieser falschen Identifikation herauszutreten bedeutet, alle Ich-Bilder hinter uns zu lassen. Sie grenzen uns ein. Ein großer Anteil unserer Persönlichkeit wird von Glaubenssätzen und Vorstellungen ausgefüllt, die uns in der Kindheit und Jugend eingeprägt wurden und die uns heute noch an der Entfaltung unseres Lebens hindern. ∝

Unser Ichbewusstsein hat sich in einen Egozentrismus hinein entwickelt, der den Untergang der Spezies Homo sapiens bedeuten kann, wenn sie sich nicht rechtzeitig in die Richtung eines kosmischen Bewusstseins entwickelt und damit in die Erfahrung der Einheit. Der Egozentrismus ist wie eine Krebszelle. Er frisst alle anderen Zellen auf, bis er selber zugrunde geht. ∝

UNSER ICHBEWUSSTSEIN hat sich allmählich aus primitiveren Formen, die einen magischen und mythischen Hintergrund hatten, in ein mentales, personales Bewusstsein entwickelt. Dieses organisiert, leidet, freut sich und programmiert die Zukunft. Es ist voller Wünsche, Pläne, Hoffnungen und Enttäuschungen. Es neigt seinem Wesen nach zur Isolation und spiegelt uns vor, es sei unsere wahre Identität. Ich erachte es als durchaus wichtig, dass unser personales Bewusstsein Authentizität entwickelt, sich entfaltet und schöpferisch und kreativ wird. Es soll Lebensfreude und ein „Ja" zu sich selbst und zum Leben entwickeln und Verantwortung für das eigene Leben und die eigene Biografie übernehmen. Was uns jedoch offensichtlich fehlt, ist die Fähigkeit, die Balance zwischen Ich und Gemeinschaft zu finden und Mitverantwortung für die anderen und die Gesellschaft zu übernehmen. ∝

DAS AUFTAUCHEN des Ich brachte Abgrenzung und Individualität. Das ist ein starker Entwicklungsschub in der Evolution. Gleichzeitig geschah aber durch die Dominanz des Ich auch eine Abgrenzung zu unserem wahren Wesen. In Wirklichkeit gibt es kein von Gott getrenntes Ich. Nur ER (ES) kann „Ich" sagen. Der nächste Schritt in der Evolution des Bewusstseins ist dann die Erfahrung der Einheit und Ganzheit. Das geht nur über die Zurücknahme der Ichabgrenzung. Das nennt die Mystik das „Sterben des Ich". Die Entfaltung des spirituellen Bewusstseins kommt daher um den Tod des Ich nicht herum. Der Tod des Ich ist die Voraussetzung für die Erfahrung Gottes. Darin sind sich alle spirituellen Wege des Ostens und des Westens einig. In der christlichen Mystik stirbt das Ich in der Unio Mystica. In den östlichen Religionen gibt es kein permanentes Ich. Das Ich behält seine Bedeutung als Funktionszentrum, in dem sich die Erste Wirklichkeit „ausspricht". Es ist nur das Instrument, auf dem sie spielt. Das Instrument wird vergehen, der Spieler ist weder geboren, noch kann er sterben. Darum gibt es auch für unser tiefstes Wesen weder Geborenwerden noch Sterben. Eigentlich dürften wir nicht sagen: „Ich bin geboren." Wir müssten sagen: „ES ist als dieses Ich geboren." ⬥

ES GEHT der Mystik nicht darum, das Ich zu beseitigen und zu bekämpfen. Sie will das Ich lediglich in seine Schranken verweisen und ihm das Gewicht beimessen, das ihm gebührt. Darum strebt sie danach, das Ich als das zu erkennen, was es wirklich ist: ein Organisationszentrum für die personale Struktur des je individuellen Menschen. Dieses Organisationszentrum ist für unser Leben unverzichtbar. Es macht uns zu Menschen. Das ist für die Mystik selbstverständlich. Die mystische Erfahrung aber bringt den Menschen dahin, dass er sich nicht mehr mit diesem vordergründigen Ich identifiziert und dadurch frei wird für eine Wirklichkeit, in der das Ich nicht mehr dominiert. ⬥

DAS EMPIRISCHE ICH, das das Tagesbewusstsein als Wirklichkeit vorstellt, ist nicht das wahre Selbst, der wahre Urgrund oder Wesensgrund. Das Ego ist ein „Trugbild", dessen Konstruktion auf der lebenslänglichen Interaktion von Körper und Psyche und deren zahlreichen Fähigkeiten beruht. Es ist ein vom Menschen selbst aufgebauter Komplex, der keinen Bestand in sich selbst hat. Mit dem Tod wird das Ego verschwinden. Auch die intellektuellen Fähigkeiten werden am Tod des Körpers teilnehmen. Der Tod ist nichts anderes als die Auflösung des empirischen Ich. Es wird das wahre Selbst zu einer Existenz befreien, die wir Christen „Himmel, ewiges Leben, Anschauung Gottes" nennen.

SOLANGE wir die Welt nur aus der Sicht unseres Ego-Gefängnisses betrachten, also aus der Sicht unserer Begierden und Bedürfnisse, bleiben wir abgesondert. Unsere persönlichen Dramen, die sich bei uns immer so sehr in den Vordergrund spielen, sind letztlich ein unnötiger Kräfteverschleiß und eine unnötige Leidensquelle. Wir schleppen zu viel Abgrenzung mit uns herum, und das macht unsere Schritte so schwer. Nur wenn wir uns auf unsere Wesensmitte beziehen, lassen wir dieses schwere Gepäck los und erfahren uns nicht mehr als vereinzelt, sondern als das Eine, als eine Offenbarung dieses Einen, als das Leben, das sich in uns inkarniert hat. ∞

IDENTITÄT UND INDIVIDUALITÄT

ÜBER VIELE JAHRE hin bauen wir eine Identität auf, die wir „Ich" nennen. Elternhaus, Schule, Religion, Gesellschaft, Partner, Freunde, Ideale, Ängste, Wünsche, Vorurteile, Illusionen trugen dazu bei. Mit dieser Ansammlung von Mustern identifizieren wir uns. Wir verteidigen unser Ich mit Wut und Angst. Wir beurteilen es, verurteilen es bei uns und bei anderen. Wir sind stolz darauf und machen uns Schuldgefühle. Dadurch wird die Illusion des Ich verstärkt. Dieses Ich hat aber in Wirklichkeit keine Substanz. Es besteht aus erlernten Konstrukten und ist lediglich ein Funktionszentrum, das von unserem eigentlichen Wesen wie ein Instrument benützt wird. Es wird mit unserem Tod untergehen. Was bleibt, ist unsere wahre göttliche Identität. Ob ein individuelles Kontinuum über den Tod hinaus erhalten bleibt, ist für mich nicht wichtig. Was wirklich weitergeht, ist das göttliche Leben, das weder geboren ist noch sterben kann. Das ist meine wahre Identität. ❧

INDIVIDUALITÄT ist nicht die einzige und letztgültige Wirklichkeit des Menschen. Individualität und Personalität stellen sich aus ihrer Perspektive als Instrumente dar, auf denen die erste Wirklichkeit spielt – durch die sie sich ausdrückt. Der Kosmos ist eine Symphonie, die darauf angewiesen ist, dass es individuelle Wesen gibt, die sie erklingen lassen. Damit kommt der Personalität eine große, wenn auch keine absolute Bedeutung zu: Das Individuum ist eine einmalige und unersetzbare Ausdrucksform des Göttlichen. Darin hat es seinen unerschütterlichen Wert. Dieser Wert wird von der mystischen Spiritualität nicht in Abrede gestellt. Er wird lediglich anders begründet als in unserem herkömmlichen Selbstverständnis, in dem wir uns mit unserer Individualität identifizieren und ihr dadurch eine ungebührliche Absolutheit verleihen. Dagegen erhebt die Mystik Einspruch, indem sie sagt: Nicht als unser absolut gedachtes Ich ist Individualität wertvoll, sondern als Erscheinungsort Gottes in der Welt. ∝

DAS EIGENTLICHE PROBLEM, das wir haben, ist nicht das Sterben, sondern unsere Anhänglichkeit an eine bestimmte Form, an diese Form, die wir jetzt haben. Jede Gestalt hat ihre unverwechselbare Bedeutung. So wie ich bin, bin ich die Manifestation der Urwirklichkeit Gott. Meine Aufgabe ist es, Mensch zu sein mit allen Potenzen. Darin liegt eine einmalige Aussage Gottes – ganz gleich, ob ich wieder erstehe und als was ich wieder erstehe. In jeder möglichen Gestalt bin ich die Gestalt Gottes.

Darum sage ich „ja" zu dieser meiner Gestalt und zelebriere sie wie einen Gottesdienst. Und das ist der eigentliche Auftrag, den ich habe: Gott zu leben in dieser Gestalt und mein Leben zu zelebrieren als Leben Gottes. Das göttliche Urprinzip lässt sich gar nicht verfehlen. ∝

JESUS

ICH HALTE ES für wahrscheinlich, dass Jesus auch ein Heiler war, aber darin erschöpft sich natürlich nicht seine Bedeutung. Zu allen Zeiten hat es Menschen gegeben, die imstande waren, Energien und Kräfte heilend einzusetzen. Wie das Beispiel der Geistheilung lehrt, finden sich auch heute noch Heiler, die durch ihre Hände heilende Energien in anderen Menschen aktivieren können. Aber eigentlich ist es nicht wichtig, ob Jesus ein solcher Mensch war oder nicht. Seine Bedeutung liegt viel tiefer.

Ich habe keine Schwierigkeiten, Jesus Sohn Gottes zu nennen. Für mich gibt es nichts, was nicht Sohn Gottes wäre. Sohn Gottes ist eine Bezeichnung für alle Menschen und alle Wesen. Gott hat sich in allem inkarniert, was Form hat. Wir nennen uns alle Kinder Gottes. Die Besonderheit Jesu liegt in seiner Einheitserfahrung mit dem, was er Vater nannte, aus der heraus er gelebt und gewirkt hat. In dieser Beziehung ist er einzigartig. ෴

JESUS SELBST ist seine Verkündigung. Was ist es denn, das er in seinen Predigten verkündete? Es ist das Reich Gottes: Das Reich Gottes ist nahe, es ist da, es ist in uns. Wenn wir die Heilsaussage dieser Verkündigung ernst nähmen, brauchten wir uns nicht mehr davor zu scheuen, Worte wie „Kindschaft Gottes", „Reich Gottes in uns", „Wer mich sieht, sieht den

Vater", „Ehe Abraham ward, bin ich" auf uns selbst zu beziehen. Dieser Kern der Verkündigung Jesu wird meiner Ansicht nach in einer Geschichte erkennbar, die zwar nicht spezifisch christlich ist, wohl aber in einer bestimmten Variante auch von Jesus erzählt wird: die Geschichte vom „verlorenen Sohn". Sie handelt von einem jungen Menschen, der sein Erbe verlangt und sich dann blind ins Leben stürzt. Eines Tages erkennt er: Dieses Leben, kann nicht das wahre Leben sein. Er stellt die Sinnfrage und erkennt, dass er zu seinem Vater, seinem wahren Wesen, zurückkehren muss. Nur dort kann er finden, was er sucht. Nur dort ist seine wahre Heimat. Der Vater erwartet ihn. Keine Vorhaltungen. Kein moralischer Zeigefinger. „Gebt ihm Schuhe, ein anständiges Kleid, einen Ring an den Finger. Lasst uns ein Fest feiern. Er hat sein göttliches Wesen erkannt, er weiß, wer er ist." In einer solchen Geschichte zeigt uns Jesus den Heilsweg. Diese Parabel ist eine Begleiterin auf dem Lebensweg. Sie vermag Orientierungshilfe zu geben und sagt uns, wer wir in Wirklichkeit sind: Söhne und Töchter, Erben des Reiches Gottes. Leider gaben die Theologen der Geschichte im Sinne der Erlösungslehre oft eine moralische Ausdeutung: Der Sohn sagt sich los von Gott, er lebt in Sünde, er erkennt dies, tut Buße und wird schließlich in Gnade von seinem barmherzigen Vater aufgenommen. Man sieht den Unterschied: Die konventionelle theologische Lesart basiert auf der Vorstellung des persönlichen Gottes im Jenseits, während die spirituelle Deutung darauf abhebt, dem Menschen zu sagen, wie er unter der Führung Jesu zum wirklichen Leben erwachen kann. ⌘

WAS WOLLTE JESUS? Darauf gibt es verschiedene Antworten. Er wollte uns, meine ich, in die Urerfahrung des Seins führen, die er selbst gemacht hat. Diese Wirklichkeit nannte er „Vater". So wie Jesus die Manifestation dessen ist, was er Vater genannt hat, so sind wir alle und jedes Geschöpf Manifestationen Gottes. Wenn wir in den alten biblischen Bildern bleiben, kann jeder und jede sagen: „Ich und der Vater sind eins" und „Wer mich sieht, sieht den Vater." Das bedeutet Gleichstellung jedes Menschen mit Jesus. Jeder von uns muss von sich bekennen dürfen: „Ich bin Sohn, ich bin Tochter Gottes." Jesus will nicht allein der Privilegierte sein. Wir sind seine Brüder und Schwestern und unterscheiden uns nicht von ihm. An ihm können wir ablesen, wer wir sind. Jesus von Nazareth ist ein Mitglied der Spezies „homo sapiens" wie wir alle. Was von ihm in der Schrift gesagt ist, gilt auch von uns. Die Stimme, die bei der Taufe Jesu sagte: „Du bist mein geliebter Sohn", diese Stimme erschallt über jedem Menschen bei seiner Geburt. In der Taufe wird uns Christen diese Einheit nur bestätigt. ⁖

KIRCHE

DIE KIRCHEN befinden sich in einer großen Krise. Sie ahnen nicht einmal, dass sich die Tradition, die sie verkörpern, erschöpft hat. Die Menschheit von heute hat ein vollkommen anderes Weltverständnis und Menschenbild als das, was die Kirchen verkünden. Gehe ich in eine Kirche, dann fühle ich mich ins 14. Oder 15. Jahrhundert zurückversetzt. Ich finde Pfarrer und Priester, die weder bereit noch willens sind, sich auf das vollkommen andere und neue Weltbild der Gegenwart einzustellen – das neue Weltbild, das geprägt ist von den Erkenntnissen der modernen Wissenschaft. Wir wissen, dass unsere Welt nur ein Wimpernschlag des Universums ist. Wir wissen, dass wir Menschen Teile und Produkte einer langen Evolutionsgeschichte sind. Mit diesen Erkenntnissen stellt sich völlig neu die Frage: Warum sind wir eigentlich da? Was sollen diese wenigen Augenblicke inmitten der Ewigkeit? Aber auf diese Fragen geben unsere Kirchen keine Antworten. ෴

WANN IMMER es eine Erneuerung in den Kirchen gab, ging diese „von unten" aus. Ich vermute, dass es mit dem spirituellen Aufbruch, den wir gegenwärtig beobachten, ähnlich ist: Er geht von der Basis aus und wird in die kirchlichen Institutionen einsickern. Was wir brauchen, ist eine „Transformation der Religion" (Ken Wilber). Es handelt sich dabei um eine Neuorientierung – um eine Metanoia zur mystischen Dimension hin. Religionen sind Weggemeinschaften von Menschen, die eine Antwort auf die Sinnfrage ihres Lebens suchen. Antworten müssen auch in der Religion immer neu formuliert werden. Sie sind dem Wandel der Zeit unterworfen. Das alte Paradigma lautete: Wir sind Wesen, die Geist entwickelt haben, durch Verfehlung aber von Gott abgekommen sind. Das neue Paradigma lautet: Wir sind nie aus Gott herausgefallen. Was wir Gott nennen, entfaltet sich wie ein Fächer in der Evolution. Wir sind eine Epiphanie Gottes. Wir können unsere wahre Identität nur nicht erkennen. Wir sind nicht abgefallen von dieser Ersten Wirklichkeit, wie die „Ursünde" uns das deuten will. Wir haben nur vergessen, dass wir aus dieser Wirklichkeit kommen und nie herausfallen können. Wir halten uns für den Strand, der nach dem Meer lechzt. Wir sind das Meer, das mit dem Strand spielt. In dieser Erkenntnis liegt die Zukunft unserer Spezies. Die Trendwende in den Religionen hat begonnen. ෆ

DAS ZWIEGESPRÄCH zwischen Gott und dem Menschen entfaltet sich. Es wird zu Klage und Freude, Trauer und Zuversicht, Liebe und Hingabe, weil wir Menschen sind. Und weil der Mensch mit Verstand, Gefühl, Körper und Sinnen gebaut ist und dichten und komponieren kann, wird dieses Zwiegespräch zu Liebe und Gedicht, wird zu Zeremonie und Liturgie. Und findet man sich dazu mit anderen zusammen, wird aus all dem Gemeinde und Tempel. Auch „Kirche" versteht sich ja viel mehr als „Zeichen" auf etwas hin, als sie hier und jetzt sichtbar machen kann. All das ist Konsequenz aus der Einheitserfahrung mit Gott. Es darf sich davon nicht entfernen. Es soll vielmehr die Einheit verkünden und in Symbol und Zeichen darstellen. Wo das nicht mehr geschieht, wo Form und Ritus zur Magie werden, wird Religion zum Hindernis. Auch christliche Mystik kennt selbstverständlich das Göttliche als Gegenüber und zeigt daher immer auch theistische Züge. Wer sich verneigt, eine Kerze anzündet und Weihrauch ansteckt, auch wenn er es nur als Ausdruck des Göttlichen in sich selbst tut, verkündet die Einheit in der Doppelseitigkeit seiner menschlichen Existenz. ◌

ICH WÜNSCHE MIR eine Kirche, die der Frau die gleichen Rechte und Positionen einräumt wie dem Mann. Eine Kirche, die ein Beispiel setzt gegen die Unterdrückung und Ohnmacht der Frauen in den Religionen der Welt. Eine Kirche, die sich der Kreativität und Liebesfähigkeit der Frauen erinnert, die im Hintergrund in Religion und Gesellschaft immer schon eine große Rolle gespielt haben. Eine Kirche, die sich nicht in den Bischöfen und Priestern isoliert, sondern sich als Volk Gottes versteht und die Laien einschließt. Eine Kirche, die ökumenisch ist und sich nicht gegen andere christliche Kirchen und auch gegen andere Religionen fundamentalistisch abgrenzt. Eine Kirche, in der Theologen eine zeitgemäße Exegese verkünden dürfen und das Zwangszölibat abgeschafft ist.

Ich wünsche mir eine Kirche, in der das mystische Erbe des Christentums wieder lebendig wird. Eine Kirche, die darin ihre Zukunft erkennt. Ich wünsche mir Theologen, die ähnlich den Kirchenvätern in den Jahrhunderten nach Christus noch einmal fragen: Was bedeutet Jesus für die Menschen des 21. Jahrhunderts? Schleppen wir nicht zu viel Hebräismus, Hellenismus, Paulinismus, Romanismus und damit eine antike Weltsicht in unseren Glaubensvorstellungen mit uns herum? Viele Menschen verstehen heute die Sprache und Bilder nicht mehr, die noch immer unablässig wiederholt werden. ◌

KÖRPER

UNSER KÖRPER ist weit mehr als der Resonanzboden unseres Geistes. Es ist nicht mehr und nicht weniger als Gott selbst, der sich in unserem Leib zu manifestieren vermag – mehr noch: der Leib ist eine Manifestation Gottes, Gott hat sich also in jedem Leib inkarniert. Deswegen kann Paulus dann auch sagen, dass der Körper nicht uns gehört, sondern dass er Gottes ist. Er ist Gottes, weil es Gott selbst ist, der in jedem Körper anwesend ist.

Diese Einsicht führt den Menschen zu einem ganz neuen Verständnis seiner Leiblichkeit: Mein Körper ist hier, weil Gott als diese Struktur, als dieser Mensch durch diese Zeit gehen möchte. Gott möchte in mir durch diese Zeit gehen – und er tut dies, indem er sich als der Körper manifestiert, der ich bin: Mein Körper ist Epiphanie, eine Erscheinung Seiner Selbst. So wie sich Gott in der Pflanze als Pflanze, im Baum als Baum, im Tier als Tier, im Menschen als Mensch offenbart, so offenbart er sich im Körper als Körper. Er offenbart sich, er manifestiert sich, er grenzt sich ein in leiblicher Gestalt. Er ist das Innerste. Religion ist unser Leben und Leben ist Religion. Das, was wir in der Kirche tun – unser Beten und Singen, unser Loben und Preisen und Danken – das alles gehört auch dazu. Aber das ist eigentlich nur die Ausdrucksform, die Feier des Alltags. ✣

DER KÖRPER ist unser Partner und Freund auf dem spirituellen Weg. So gesehen ist es nur natürlich, dass alle spirituellen Wege im Körper ansetzen: in den östlichen Wegen der Lotossitz, der dem Kopf, Nacken, Rücken und den Beinen eine bestimmte Haltung zuweist; die Mudras der Hände, die als symbolische Gesten eine äußere Haltung mit spirituellen Vorstellungen verbinden; das gesammelte, achtsame Gehen. Die Asanas des Yoga, Körperhaltungen, die durchlässig machen. Die Tanzdrehungen der Derwische und die Körperbewegungen der Sufis zum Mantra Allah-Hu oder rak'as (Verneigungen und Niederwerfungen) zeigen die Bedeutung des Körpers im mystischen Gebet. Der Körper ist der Ausgangspunkt, er ist gleichsam das Gefäß, in das die Begegnung mit der göttlichen Wirklichkeit gefasst ist.

Der Westen hingegen hat in den letzten Jahrhunderten einen Weg über den Intellekt zu den Dingen entwickelt. Er hat die Welt wissenschaftlich, das heißt von außen betrachtet und untersucht. Dieser Zugang zu den Phänomenen hat den Weg ins Sein verdunkelt. Denn der Weg ins Sein führt, so eigenartig das in manchen Ohren auch klingen mag, über den Körper: Atem, Sitzen, Schreiten, Tanzen, Laute, Körperhaltungen. Unser tiefstes Wesen ist sehr viel stärker in unserem Körper beheimatet, als wir lange gemeint haben. Denn nur im Körper wird die Einheit von Bewusstsein und Materie sichtbar und erlebbar. ❦

WO DIE SPIRITUELLE Dimension des Körpers zu Bewusstsein kommt, entwickeln wir unweigerlich eine neue Einstellung zu unserer eigenen Leiblichkeit. Die Sorge um den eigenen Leib erscheint dann nicht mehr moralisch verwerflich. Das Schminken vor dem Spiegel oder das tägliche Rasieren können den Charakter eines Gebetes annehmen, wenn wir nur erst verstanden haben, dass wir nichts anderes sind als die materialisierte Ausdrucksform des göttlichen Geistes: Unser Körper ist viel mehr als nur ein Lebewesen, das im Laufe der Zeit den Geist entwickelt hat. Der Mensch ist zuerst Geist, der sich einen Körper geschaffen hat. Wir sind zuerst Geistwesen, die einen Körper haben, und nicht Körper, die auch Geist haben. Oder anders gesagt: Wir sind göttliches Leben, das in der Gestalt unseres Leibes eine ganz bestimmte menschliche Erfahrung macht. Und darum finden wir in unserem tiefsten Wesen den ganzen Kosmos und die Einheit mit ihm. Wir sind göttliches Leben, das sich inkarniert hat – das Mensch geworden ist. ∞

„RELIGION ist unser Leben und der Vollzug des Lebens ist die eigentliche Religion. Gott will nicht verehrt, er will gelebt werden." Ich weiß, dass diese Formulierung auf Widerspruch stößt, aber der Körper steht unserem wahren Wesen näher als unser Verstand. Es gibt eine im Körper beheimatete Religiosität, wie sie in der kirchlichen Frömmigkeitskultur nicht vorkommt. Sie sollte dort aber vorkommen, und deshalb frage ich mich, wie das christliche Glaubensleben um eine leibliche Komponente bereichert werden könnte. Eine gewisse Hoffnung setze ich dabei auf die Frauen. ∞

KONTEMPLATION

DIE CHRISTLICHE Kontemplation kann als der westliche mystische Weg verstanden werden, der in die Versenkung führen und die letzte Wirklichkeit erfahrbar machen will.

Das Wort „Kontemplation" kommt aus dem Lateinischen. Contemplari heißt „schauen". In der christlichen Literatur wird der Begriff nicht einheitlich verwendet. Manchmal wird er im Sinne von Meditation oder Betrachtung verwendet und meint dann ein Meditieren über etwas, über einen Inhalt, sei es ein Spruch, ein Bild, eine Vorstellung. Dann wieder dient er zur Bezeichnung einer ungegenständlichen Form des Betens, und nur um diese geht es mir hier. Kontemplation meint dann kein Meditieren über einen Inhalt, sondern einen Zustand des Erfahrens jenseits der aktiven Kräfte unseres Tagesbewusstseins.

Ziel der Kontemplation ist das Schauen ins eigene Selbst, Schauen des Göttlichen in uns und in der Schöpfung in Form des Innewerdens oder Erfahrens jenseits unserer intellektuellen Fähigkeiten. ଔ

ES GEHT DARUM, Mensch zu werden, als Sohn, als Tochter geboren zu werden, Gott zu manifestieren hier und jetzt, konform zu sein mit dem Fluss des göttlichen Lebens, das uns und die Dinge hervorbringt. In der rechten Weise, in der Weise Gottes in der Welt sein, das ist das Ziel der Kontemplation. ଔ

IST DER MENSCH durch die Kontemplation wirklich in seine Mitte gelangt, überwältigt ihn kein Problem mehr. Er bleibt auch bei sogenannten Schicksalsschlägen ruhig, wenn er etwa Besitz und Freunde verliert, verleumdet wird oder zu wenig oder gar keine Anerkennung und Zuwendung erfährt. Hat man den wahren inneren Standpunkt gefunden, bleibt man auch in emotionalen und intellektuellen Erschütterungen gleichmütig.

Das bedeutet jedoch nicht, dass der kontemplative Mensch gefühlsarm wird. Im Gegenteil: Er kann Gefühle zulassen, weil er weiß, dass sie ihn nicht überwältigen werden. Er kann sich dem Schönen des Lebens hingeben, und es gelingt ihm, sogar dem Hässlichen seine wahre Schönheit abzugewinnen. Kann einer den Zustand der Ruhe im Ansturm der Gefühle bewahren, hat er den Schlüssel zu einem gelassenen Leben gefunden. ભ

KRANKHEIT
UND KRISE

KRANKHEIT IST keine Niederlage. Manche kämpfen gegen ihre Krankheit, weil sie diese für eine Strafe halten. Sie meinen vielleicht sogar, dass sie ihre Krankheit verdient haben. Manche Menschen setzen von Kindheit an Schmerz und Strafe gleich. Krankheit ist nie Strafe. – Krankheit führt den Menschen in eine Krise.

Der Begriff „Krise" kommt aus dem Griechischen und bedeutet unter anderem Scheidung, Entscheidung und Wahl. Krise kann zu einer Entscheidungskrise werden, zur Herausforderung, einen neuen Abschnitt des Lebens zu beginnen. Krankheiten führen uns in Grenzsituationen. Es entsteht eine fundamentale Verunsicherung. Die Frage ist, ob wir die Verunsicherung als Aufbruch zu etwas Neuem sehen können. Verunsicherung bedeutet, dass man den Ausgang nicht schon im Voraus bestimmen kann. ❧

KRISEN und Scheitern sind für mich ein Aufruf, neu zu beginnen: „Du musst nach Sinn und Erfüllung tiefer suchen, als du es bislang getan hast!" Krisen sollten uns aufwecken und in eine andere Richtung führen. Scheitern ist für mich nichts Negatives, sondern eine Chance zum Neubeginn. Es scheint mir zum Bewusstseinswandel beizutragen, wenn Menschen in einer Wirtschaftskrise lernen, dass ein Konkurs nicht nur negativ gesehen werden muss und nicht das Ende bedeutet –

dass er vielmehr trotz finanzieller Einbußen ein Neubeginn sein kann. ☙

MANCHE MENSCHEN wollen nicht wirklich geheilt werden. Da klagt ein Mensch über permanente Magenschmerzen. Kein Mittel hilft wirklich. Der Grund sitzt im psychischen Bereich. „Wenn ich gesund werde, verliere ich meine Rente!" Diesen psychischen Bereich kann man aber nicht einfach heilen. Es fehlt an Urvertrauen in diesen tieferen Lebenssinn, der im transpersonalen Bereich liegt. Wenn dem Kranken ein umfassender Lebenssinn aufgeht, verschwinden die Symptome auf den unteren Ebenen. Wenn wir den Zugang zu diesem tieferen Lebenssinn erhalten, ändert sich unsere Ansicht von Krankheit. Wir bekämpfen dann nicht mehr die Symptome, sondern fragen nach den Ursachen. Gesund werden wir durch Integration des Fehlenden. Wir haben also nach dem Abgespaltenen zu suchen und es wieder einzugliedern.

Die Krankheit führt uns zu dem, was wir nicht leben, was wir verdrängt haben, was wir nicht wahrhaben wollen. Sie führt uns zu unserem Schatten. Krankheit kann ein Selbstheilungsversuch sein, denn sie kann uns vor einem endgültigen Zusammenbruch bewahren, der eintreten würde, wenn wir uns dem tiefer liegenden Lebenssinn konsequent verschließen. ☙

LEERE

DIE LEERE ist Durchgang, aber nicht Ziel. Ziel ist immer Leerheit und Form, wie es im Zen heißt. Nirwana ist nicht eine Auflösung in einem allgemeinen Brei. Nirwana ist die Erfahrung des Hier und Jetzt und nicht ein Zustand in ferner Zukunft. Die Leere ist nicht leer; (...) zur Leere lässt sich genauso Fülle sagen. Es gibt in ihr kein für sich Seiendes mehr, sondern nur noch die Erfahrung des kosmischen Mit-Seins. Diese Erfahrung wird von allen Mystikern bezeugt. So schreibt Meister Eckhart in seinen „Reden der Unterweisung": „Wer Gott so, (nämlich) im Sein, hat, der nimmt Gott göttlich, und dem leuchtet er in allen Dingen; denn alle Dinge schmecken ihm nach Gott, und Gottes Bild wird ihm aus allen Dingen sichtbar. In ihm glänzt Gott allzeit, in ihm vollzieht sich eine loslösende Abkehr und eine Einprägung seines geliebten gegenwärtigen Gottes." Und Ramana Maharishi sagt vom Erleuchteten: „Der Wahrnehmende nimmt direkt durch das Gewahrsein Gottes wahr." – Verzückung, Raptus, Visionen sind nicht das Ziel der Mystik. Das ist alles nur Durchgang. ☙

„LEERHEIT, die nicht leer ist, aus der Töne, Farben, Gefühle und Gedanken kommen. Es ist eine meta- oder suprakosmische Leerheit. Ich und Leerheit sind zusammengeflossen. – Leerheit, Gottheit, Nada kann auch Fülle heißen. Es ist eine Fülle, die schwanger geht mit allen Möglichkeiten. Sie enthält

alle Potenzen und ist Ursprung und Schöpfung. – Angekommen, daheim, nichts fehlt. Lachen, aber es ist kein Lachen über
etwas, es ist einfach Lachen. – Glück, aber es ist kein Glücklich-
Sein über etwas. Grenzenlose Liebe, aber kein „Ich liebe dich".
Paradoxerweise gibt es aber weder Liebe noch Hass, weder Leben noch Tod, weder Du noch Ich, keine Grenzen, nicht Raum
nicht Zeit. – ES geht einher mit Leichtigkeit, Selbstverständ-
lichkeit und Freiheit. – Alle Polarität ist aufgehoben. Nichts ist
absurd, im Gegenteil, alles ist ganz selbstverständlich. Da ist
der Schlag einer Trommel. Die Töne tropfen aus dem Nichts
wie Perlen und verschwinden. Kein Innen, kein Außen. Ein
Schluck Saft, da ist nur dieser intensive Geschmack. – Gehen,
nur dieser Schritt. ES geht, ES sieht, ES fühlt, ja so widersinnig
das scheint: ES denkt. Auch Gedanken perlen hervor und verlieren sich wieder." ☙

„LEBEN" ist ein geeigneter Begriff, um die Wirklichkeit, die
wir „Gott" nennen, zu kennzeichnen. Denn auch das Leben
entzieht sich unserem Zugriff. Wir wissen weder, woher es
kommt noch wohin es geht. Leben ist überall und nirgendwo.
Es zeigt sich in jedem einzelnen Lebewesen, aber es ist immer
auch mehr als ein Lebewesen. Genauso ist es mit der Ersten
Wirklichkeit. Sie ist da, ist aber nur greifbar in der Form, die
sie sich gibt. Sie selbst ist Leerheit, die der Form bedarf, um zu
erscheinen. Denn ohne die Leerheit könnte es auch keine Form
geben, da die Form immer Form der Leerheit ist. Genauso ist
es mit dem Leben: Das Leben ist in jedem Lebewesen, denn
ohne Leben wäre ein Lebewesen kein Lebewesen. Aber das Leben geht nie in einem bestimmten Lebewesen auf. Es ist immer
größer als das einzelne Wesen. ☙

LEHRER UND
SCHÜLER

JEDER LEHRER hat die Schüler und jeder Schüler hat die Lehrer, die er verdient. Letztlich ist es die Persönlichkeit und der Charakter eines Lehrers, die darüber entscheiden, welche Menschen sich ihm anschließen. Denn es kommt nur derjenige als Lehrer in Frage, dessen Weg attraktiv und gangbar erscheint und der Vertrauen einflößt. Es ist unbedingt erforderlich, dass zwischen spirituellem Schüler und Lehrer, zwischen spiritueller Schülerin und Lehrerin ein Vertrauensverhältnis entsteht. Wo das nicht der Fall ist, sollte man sich einvernehmlich trennen.

Gewiss, es gibt spirituelle Scharlatane und man kann sie auch erkennen. Aber mit Urteilen über solche Leute möchte ich mich zurückhalten. Ich gehe meinen Weg und lade ein, mitzukommen. Aber wenn jemand etwas anderes oder vermeintlich Besseres gefunden hat, kann er jederzeit gehen.

Bedenklich ist es, wenn jemand, der sich als spiritueller Lehrer präsentiert, zu viel Aufhebens um seine Person macht. Bedenklich ist auch, wenn er die Menschen zu sehr an sich bindet. Schlimm ist es, wenn er von Dingen redet, die er selbst nicht erfahren hat und die er nicht bezeugen kann. Und am schlimmsten ist es, wenn er damit kommerzielle Interessen verfolgt. ❧

Ich spreche nicht gerne von Schüler und Meister. Ich fühle mich als Begleiter, als eine Art Bergführer. Wer einen schwierigen Berg besteigen will, sucht jemanden, der den Berg kennt, der den Weg schon gegangen ist. Ein spiritueller Begleiter wird daher seine Mühe darauf verwenden, den Schüler, die Schülerin in einen Erfahrungsbereich zu führen, in dem Gott umfassend erfahren werden kann – und zwar auf eine Weise, die über die rein mental-rationale Wissensvermittlung der Theologie hinausgreift. Er wird seine Schüler in den Übungen und Praktiken des spirituellen Wegs unterweisen, über die wir anderenorts schon gesprochen haben; und er wird seinen Schülern und Schülerinnen als Ansprechpartner und Berater zur Seite stehen, wenn sich auf ihrem Weg Schwierigkeiten auftun. Die eigentliche Aufgabe des spirituellen Führers liegt also darin, den Menschen auf das Wirken der Gnade vorzubereiten und ihm zu helfen, Hindernisse aus dem Weg zu räumen, damit er das Göttliche erfährt und es aus der Tiefe heraus zur Entfaltung kommen lässt. ∞

WIE SICH das Verhältnis von Schüler und Lehrer darstellt, hängt von den entsprechenden Personen ab. Wichtig ist dabei allerdings, dass beiden Seiten klar ist, dass es sich um eine rein spirituelle Beziehung handelt. In ihr geht es ausschließlich darum, dem Schüler, der Schülerin eine mystische Erfahrung zu ermöglichen – und zwar so, dass der Lehrer seinen Schüler an dessen eigene, innere Quellen führt. ∞

EIN ECHTER spiritueller Meister wird seine Schülerinnen und Schüler darin bestärken, den Weg immer wieder fortzusetzen. Aber er wird ihnen auch sagen, dass sie diese Erfahrung nicht auf Grund eigener Anstrengung machen können – dass sie sich nur bei denen einstellt, die das Ich, das gerne etwas machen und erleben will, loslassen. Er wird sie darauf hinweisen, dass es dahin ein weiter und schwieriger Weg ist, ein Wandlungsprozess, der die Ich-Strukturen unserer Psyche durchsichtig macht, der durch Phasen der Orientierungslosigkeit und Verzweiflung führen kann, der zuletzt aber an einen Punkt führt, an dem der Mensch erkennt, dass er sein Ich getrost zurücklassen kann, um in eine höhere Wirklichkeitsebene einzutreten. Wer diese Erfahrung gemacht hat – ganz gleich ob als Schüler oder Lehrer – wird weder sich noch sonst jemanden verpflichten. ❧

„WER DIE QUELLE kennt, trinkt nicht aus dem Krug!" Die Quelle in sich selber finden – nur aus diesem Grunde sollten wir einen Lehrer oder Meister aufsuchen. Der Mensch ist geneigt, sein Heil von einem anderen zu erwarten. Vielleicht ist da doch noch jemand, der es für mich macht, hofft er. So verehrt man Buddha und Jesus und hängt sich an ihre Rockzipfel, statt ihren Wegen zu folgen, um ihre Erfahrung zu machen. Ein spiritueller Lehrer, der euch nicht den Weg zu euch selber weist, ist ein Scharlatan. Ihr findet alles in eurer eigenen Tiefe. ❧

LEID

DAS LEBEN IST leidvoll. Immer wieder geraten wir in schmerzvolle Situationen. Wir können darüber einen Klagegesang anstimmen, oder wir können versuchen, sie zu unserer Reife zu nutzen. Erste Voraussetzung dafür ist Annahme. Annahme der Situation, die man momentan nicht ändern kann. Annahme des Schmerzes, Annahme der Umstände. Das hat nichts mit Fatalismus zu tun. Das heißt auch nicht, dass ich nicht zum Zahnarzt gehen soll oder zu einer Operation, wenn ich krank bin. Ganz im Gegenteil, man kann alles tun, um den Schmerz zu lindern. Aber es gibt Situationen, in denen man nichts ändern, sondern nur annehmen kann.

Nur eine Transformation der Situation hilft uns weiter. Was wir leidvoll nennen, ist nichts anderes als das, was wir freudvoll nennen. Unser Verstand kann das nur schwer begreifen. Aber unser tiefstes Wesen, das sich in dieser unserer leidgeplagten Person ausdrückt, kennt nicht gut und nicht böse, kennt nicht Leid und nicht Freude. Es vollzieht sich als das, was gerade ist. So wird Leid auf eine neue Stufe gehoben. Damit ist der Schmerz nicht weg. ES offenbart sich vielmehr als Schmerz. Aber der Schmerz hat dann eine andere Qualität. Wir strengen uns an, dem Leid zu entrinnen. Aber wenn wir das Leid nicht annehmen, hindern wir uns zu wachsen. Auch der tiefste Schmerz ist von jenem Urgrund getragen, den wir Wesensnatur oder Gott nennen. Diese Erfahrung wird uns verwandeln.

Krisen in unserem Leben sind Zeiten des Wachstums. Wir werden aus dem Mutterschoß gestoßen, um Mensch zu werden, das ist leidvoll. Wir werden entwöhnt, das ist leidvoll. Wir müssen in die Schule zur Ausbildung, das ist leidvoll. Wir müssen aus dem Elternhaus, das ist leidvoll. Wir haben Krankheit und Altern anzunehmen, das ist leidvoll. Und dann bleibt uns nichts übrig als auch den Tod anzunehmen. ❧

WENN LEID wirklich akzeptiert ist, hört es auf, Leid im üblichen Sinn zu sein. Es wächst mit der Annahme des Leides eine tiefe Freude. Bei manchen leidgeprüften Menschen kommt diese Freude durch. Sie sind von einer großen Liebe zu ihren Mitmenschen. Ein reifer und weiser Mensch kann seine Liebe zu den anderen nicht für sich behalten. Sie wissen, dass sie berufen sind, der Welt und ihren Mitmenschen zu dienen. Aber das ist nicht einfach. Den Menschen zu helfen bedeutet, ihnen die Wahrheit zu sagen und sie vor Entscheidungen zu stellen. Die Jünger Jesu wollten davon nichts wissen. Sie wollten von seinem konsequenten Weg als Prophet, der in Leid und Tod führte, nichts wissen. „Weg von mir, Satan, geh mir aus den Augen", sagte Jesus zu Petrus, als er ihn am Leiden hindern wollte.

Es gibt in der Mystik eine Einstellung zum Leid, die auf den ersten Blick narzisstisch wirkt. Immer wieder haben Heilige und Weise um Leid gebetet. Wachstum und besonders spirituelles Wachstum – gleichbedeutend mit Reifen – geschieht durch Leid. Wer reifen will, kann ihm offensichtlich nicht entgehen. Einem Menschen zur Annahme des Leides zu verhelfen ist schwer. Solche Entscheidungen sind auch für den, der sie fällen muss, oft schmerzhaft. Wer nicht selber unter einer Entscheidung und einem Rat, den er gibt, leidet, der ist sich seiner Entscheidung nicht ganz bewusst. Wer andere auf ihrem spirituellen Weg begleiten will und selber höhere Ebenen des Bewusstseins sucht, wird sie nicht erreichen ohne Leid. Es ist eine Berufung zum Leid in einer besonderen Weise. Es gibt zu viele Menschen, die sich auf einen spirituellen Weg machen und meinen, sie könnten dem Leid entgehen. Aber alle Heilswege führen durch Leid und Dunkelheit und erst durch den Abstieg in die Unterwelt zum Licht. Die Auferstehung ist die Kehrseite des Leides.

Uns im Leid gegenseitig beizustehen, halte ich für eine wichtige Aufgabe unserer Gemeinschaft. Leid führt uns zusammen. Vollende deine Geburt! ॐ

LIEBE

DIE LIEBE ist die Quintessenz meines Lebens, auf das ich voller Dankbarkeit zurückblicke. Aber es ist nicht die Liebe eines „Ich liebe dich" und „Du liebst mich". Es ist die Liebe, die auch den Mörder und Verbrecher nicht ausschließen kann. Wonne, Zärtlichkeit und Wohlgefühl sind nur Widerfährnisse, die auf eine viel umfassendere Erfahrungsebene verweisen. Diese Ebene ist wie der Ozean, in den ich immer wieder zurückkehren kann. Hier weiß ich mich zuhause, auch wenn mich als Welle Probleme, Zweifel, Ärger und Angst befallen wollen. Er ist mein Zufluchtsort und Ausgangspunkt. Ich brauche ihn nicht zu suchen, ich schaue einfach nach innen. In diesem Urgrund bin ich immer daheim. Dort verlassen mich Angst und Zweifel. ☙

LIEBE IST das Weltbaugesetz. Wer nicht lieben kann, kann sich nicht öffnen, er kann nicht in Austausch mit anderen treten. Liebe ist die Voraussetzung für alles Wachsen und Reifen. Wer nicht in liebendem Austausch steht, kann nicht wachsen. – Wer liebt, empfängt. Liebe ist wie der Ruf in eine Echowand. – Es schallt zurück, wenn ich hineinrufe. Liebe heilt. Liebe hilft offensichtlich mehr als alle anderen Mittel. Liebe ist die beste Medizin, nicht nur im übertragenen Sinn.

Nicht gelebte Liebe macht krank. Liebe muss verbraucht werden. Sie staut sich sonst an und wird am Ende Hass. Die Liebe kann aber auch zum Narzissmus werden. Narziss, eine

-griechische Sagengestalt, war so in sich selbst verliebt, dass er immer nur sein eigenes Bild im Wasser anschauen konnte. Er war unfähig, mit einem anderen Menschen eine Beziehung einzugehen. Er ging an seiner aufgestauten Liebe zugrunde.

Was wir am Ende unseres Lebens in Händen haben, sind nicht unsere Leistungen und unsere Werke. Wir werden uns vor allem der Frage stellen müssen, wie viel wir geliebt haben. Wir werden nicht gefragt, ob wir katholisch oder evangelisch oder buddhistisch oder was wir sonst waren. Wir werden gefragt, wie viel wir geliebt haben. Das ist die Botschaft aller Religionen. Wer liebt, ist wie Gott. „Gott ist die Liebe, und wer in der Liebe bleibt, bleibt in Gott und Gott bleibt in ihm." (1.Johannes 4.16) „Wer liebt, stammt von Gott und erkennt Gott." (1. Johannes 4.7) ∞

IN EINER TIEFEN mystischen Erfahrung sagt der Mensch nicht mehr, ich liebe dich. Die Grenzen zwischen Ich und Du sind dann gefallen. Je tiefer meine Erfahrung, umso größer mein Mitgefühl. Die Tiefe der Erfahrung bringt die Erfahrung der Einheit mit allen Wesen. Die Erfahrung der Einheit bedingt das rechte Verhalten zu allen Wesen. Das Auge sagt zum Fuß nicht: Ich liebe dich. Sie gehören zusammen und sorgen in dieser Einheit füreinander. ∞

WENN DIE LIEBE einmal vom Menschen Besitz ergriffen hat, erfährt er sich als zugehörig zum Einen: Das Leid des Nachbarn wird zu meinem Leid und die Freude des Nachbarn zu meiner Freude. Ich helfe, weil ich mir selber helfe. Es ist der Drang, die gläserne Wand der Trennung zu durchbrechen und sich von der Eingrenzung der Individualität zu befreien. Liebe sprengt die Einsamkeit und erlöst aus dem Gefängnis der Ich-Zentrierung. Wer in sie eintaucht, erfährt, was wahre und umfassende Lebensqualität ist. Denn in ihr manifestiert sich das göttliche Sein des Kosmos.

Unser Ich jedoch hat die Tendenz, sich der Grundkraft der Vereinigung entgegenzusetzen. Darin liegt die Tragik des Menschen, vor allem des Mannes: dass er meint, er könne sich selbst erlösen. Der mystische Weg ist kein Weg der Selbsterlösung. Er ist ein Weg in die Einheit der Liebe. Und dieser Weg führt über jede Ich-Zentrierung hinaus, das heißt: Er transzendiert den Menschen und lässt ihn erfahren, dass er nicht isoliert in diesem Kosmos lebt. Er macht erfahrbar, dass wir wirklich Kinder des Kosmos sind – in unserem wahren Wesen mit allem vernetzt: Pilze, die in der Tiefe eine einzige Pflanze sind. ൟ

WIRKLICHE LIEBE erfährt das andere als das, was es ist. Sie erkennt das angeblich Böse des andern als das eigene Böse. Nur diese Liebe kann die andere Wange hinhalten, nur sie kann auch noch das Hemd weggeben, wenn der Mantel verlangt wird. Erwüchse diese Haltung aus Wohlverhalten, wäre sie unwahr. Die wahre Liebe kann nicht anders, denn sie erfährt die Einheit des Lebens und würde sich das Üble selbst antun, wenn sie es dem anderen antäte. Diese Liebe umarmt auch Gegner, auch jene, die hassen. Sie sieht im Konträren und Oppositionellen die Dynamik des Lebens. Sie hört auf, perfekte Eltern haben zu wollen, einen perfekten Staat und eine perfekte Kirche. Sie hat begriffen, dass alles auch das Gegenteil beinhaltet. Solange Nächstenliebe nur ein Gebot bleibt, wird es keinen Frieden und keine Harmonie auf unserem Planeten geben. ൟ

LIEBE IST das Strukturprinzip der Evolution – die Bereitschaft eines Atoms, sich mit einem anderen Atom zu einem Molekül zu verbinden, die Bereitschaft der Moleküle, gemeinsam eine Zelle zu bilden, und die Bereitschaft der Zellen, zu einem größeren Organismus zu werden. Diese Bereitschaft zur Selbsttranszendenz ist überall im Kosmos erkennbar. Sie ist die eigentlich treibende Kraft des Lebens und der Evolution. Nur wer seine eigene Identität wahren und gleichzeitig über sich hinausgehen kann, hat in der Evolution eine Überlebenschance. ∝

LOSLASSEN

DIE MEISTEN MENSCHEN wollen die Pein des Loslassens nicht annehmen. Sie vergeben sich damit die Gelegenheit zum Wachsen und Reifen. Sie bleiben lieber in ihren alten Mustern und versäumen die Chance und die Freude einer Wiedergeburt zum vollen Menschentum.

Die wirkliche Freude des Lebens kommt durch das Aufgeben und Loslassen von letztlich unhaltbaren Positionen. Wer etwas loslassen kann, wird dafür mehr gewinnen. Loslassen ist der Preis für Reife und Weisheit. Die Pein des Sterbens ist die Pein der Neugeburt. Ein altes Konzept, eine alte Theorie, eine Lebensweise, eine Weltsicht muss sterben. Tod und Geburt sind nichts anderes als zwei verschiedene Seiten einer Münze. Spirituelle Schulung bedeutet Reifen, bis wir annehmen können, dass unser Leben eine Serie von gleichzeitigem Sterben und Auferstehen ist. ❧

AUSSÖHNUNG mit unserem Leben ist nicht leicht. Es bedeutet „ja" zu sagen zu Schmerz, zu Demütigung, zu Ungerechtigkeiten, die mir angetan wurden. Die alten Verletzungen kommen noch einmal hoch. Eine Therapie kann helfen, Verletzungen zu erkennen und zu deuten. Heilung geschieht jedoch nur durch Aussöhnung mit uns selber. Rückblickend mag unser Leben einem Zickzackweg gleichen, doch vielleicht können wir nun dankbar entdecken, dass der Weg nach oben auf den

Gipfel Gott war. Heilswege führen durch ein Labyrinth. Manche Biegung geht nach außen und scheint von der Mitte wegzuführen. Wer jedoch auf dem Weg bleibt, erreicht das Zentrum und erkennt am Ende alle Biegungen und Windungen als Wandlungsprozesse.

Wenn ich mich jetzt ganz auf diesen Grund einlasse, mich jetzt an den lebendigen Gott halte, der in mir über diese Erde geht, dann brauche ich mich nicht zu sorgen, was nach dem Tod geschieht. Das Eine wird auch der Grund eines neuen Lebens sein, ganz gleich in welcher Form es weitergehen wird. Ob von dieser Individualität, die ich jetzt habe, etwas mit hinübergeht, braucht mich nicht zu kümmern. Ich bin hineingenommen in die göttliche Wirklichkeit. Ich lebe im Jetzt Gottes. Am Ende haben wir nur eines zu tun: loszulassen. Was wir zutiefst sind, kennt den Weg und wird sich offenbaren als das Eine, das keine Teilung kennt.

Der Wille bildet zusammen mit dem Intellekt, dem Gedächtnis und den Gefühlen unsere Ich-Struktur. Die Ich-Struktur aber ist es, die auf dem spirituellen Weg zurücktreten soll, um losgelassen zu werden. Sie schneidet ein Stück der Wirklichkeit aus, um sich damit zu befassen. Das Ich gleicht einer einzelnen Oktave auf dem Klavier. Solange man auf dieser einen Oktave herumklimpert, kann man die anderen Oktaven nicht hören. Das Vertrackte beim Willen ist nur, dass er versucht ist, das Anliegen der Spiritualität zu seiner Sache zu machen: Dann wird es zu seinem erklärten Ziel, das Ich loszulassen. Damit aber gerät man in eine tückische Paradoxie, denn der Wille kann sich nicht selbst aufgeben. Solange man auf dem spirituellen Weg vorankommen will, wird man daher auf der Stelle treten. Voran kommt nur, wer den Willen loslässt – nicht, wer nicht mehr wollen will. ⟨⟩

ALLE RELIGIONEN kennen ein bestimmtes Maß von Askese. Auch Armut, Ehelosigkeit und Gehorsam, die Inhalt der Ordensgelübde sind, sollen helfen, innerlich frei zu machen. Werden sie zum Selbstzweck, haben sie ihr Ziel verfehlt. Asketische Übertreibungen lassen sich oft auf eine Verachtung des Körpers zurückführen.

Der Verzicht an sich und der damit verbundene Schmerz sind nicht das Ziel. Entscheidend und wichtig ist immer nur eines: das Loslösen, die innere Freiheit. Man muss lernen zu besitzen, als besäße man nicht. ∞

MEDITATION

IN DER MEDITATION versuchen wir, aufmerksam zu werden auf die Impulse, die aus der Tiefe unseres Seins kommen und sich materialisieren. Ziel ist es, diese nicht abzublocken, sondern auf sie einzugehen.

Während der Meditation zeigt das Zentralnervensystem eine andere Funktionsweise als im Wachzustand und Traumzustand. Der Atem wird langsamer und reduziert sich auf zwei bei drei Atemzüge in der Minute bei Fortgeschrittenen. Es steigert sich die Kohärenz, und die Wellenart verschiebt sich. Meditation, Kontemplation und andere spirituelle Wege versuchen uns zu ordnen. Chaotische Felder in uns kommen durch die Ruhe in eine neue Kohärenz. Aber dieser Prozess ist nicht so einfach, weil das Feld ständig von irgendwelchen Ich-Impulsen verändert wird. Es kommt also darauf an, ob wir uns in unserem hektischen Alltag diese Ruhe gönnen. Zwei Komponenten sind dabei unerlässlich. Zum einen der Fokus: Wir beobachten den eigenen Atem, wiederholen ein Wort, ein Mantra, einen Ton oder eine rhythmische Aktivität. Es geht darum, den Strom der Alltagsgedanken zu unterbrechen und den Kopf „frei" zu bekommen. Zum anderen eine passive Haltung gegenüber ablenkenden oder ‚eindringenden' Gedanken: Sich beispielsweise nicht darüber sorgen, ob man es richtig macht, sondern den Geist sanft auf den Fokus zurückdirigieren.

Der einfachste, unaufwendigste Weg zur Entspannung führt über folgende Stufen:

Wählen Sie ein Wort, einen Begriff, ein Gebet, die als Fokus verwendet werden, oder konzentrieren Sie sich nur auf den Atem.
Sitzen Sie ruhig in einer bequemen Haltung.
Schließen Sie die Augen oder lassen Sie sie halboffen, ohne etwas zu fixieren.
Entspannen Sie die Muskeln.
Atmen Sie langsam und natürlich, wiederholen Sie das Wort beim Ausatmen.
Bleiben Sie passiv, kümmern Sie sich nicht darum, ob Sie es gut machen. Wenn die Gedanken ‚wandern‘, lenken Sie sie auf den Fokus zurück.
Bleiben Sie für 10 bis 20 Minuten bei dieser Übung.
Kommen Sie ein- bis zweimal pro Tag auf diese Übung zurück. ❧

MITLEID

IM ZENTRUM der mystischen Erfahrung steht das Bewusst-werden der Einheit mit allen lebenden Wesen. Das bedeutet auch, dass ich das Leid des anderen als mein eigenes Leid erfahre – und ebenso seine Freude als meine Freude. Wenn ich diese Erfahrung mache, wird sich mein soziales Verhalten ändern. Nicht weil ich zu einer moralischen Überzeugung gelangt bin, sondern weil sich etwas in mir verändert hat – weil ich zu einer Einsicht gelangt bin, die mich zu einem caritativen oder sozialen Engagement motiviert. Ich würde hier nicht so sehr von „Widerstand" sprechen als vielmehr von sozialer Verantwortung – einer sozialen Verantwortung aus Liebe. Diese Liebe – Agape – gehört wesentlich zur mystischen Erfahrung dazu. Die Buddhisten sprechen eher von Mitleid, meinen damit aber letztlich dasselbe. Sehr schön hat Armapa in einem Gebet ausgedrückt, wie das Mitleid aus der mystischen Erfahrung erwächst. Er sagt: „Im Augenblick der Erleuchtung, sobald ich das ursprüngliche Antlitz des Geistes erblicke, steigt ein grenzenloses Mitleid in mir auf. Je größer die Erleuchtung, desto stärker ist das Mitleid." Gleichgültig ob nun Liebe oder Mitleid – greifen sie nicht in der Seele des Mystikers Raum, ist das ein Indiz dafür, dass seine Erfahrung nicht echt oder nur oberflächlich gewesen ist. ❦

MYSTIK

MYSTIK MEINT die umfassende Erfahrung, dass ich mehr als nur ein einzelner Pilz an der Oberfläche des Bewusstseins bin – dass ich in Wahrheit der ganze für den Verstand unsichtbare Pilz bin, der in dieser personalen Struktur an die Oberfläche schaut. Pascal hat die gleiche Erfahrung mit einem ähnlichen Bild ausgedrückt: Ein Zweig kann nicht den Sinn des Baumes erfassen, kann wohl aber umgekehrt vom Baum her verstanden werden. – Wenn man nun diesen Gedanken fortführt, kann man sagen: Wenn der Zweig erfährt, dass er Baum ist – und das ist die eigentliche mystische Erfahrung –, dann versteht er auch sein Zweigsein anders: Wenn wir diese Welt vom Ganzen her verstehen, können wir ihr den Namen „Gott" geben. Aber dann müssen wir dieses Wort mit neuen Inhalten füllen. Das heißt: Wir müssen den alten Glaubenssätzen und gewohnten Gottesbildern neue Deutungen geben.

Vor allem müssen wir uns von der eingefleischten Überzeugung verabschieden, Gott sei von seiner Schöpfung unüberbrückbar getrennt. Schöpfung bedeutet aus der Sicht der Mystik eben nicht: Zu irgendeinem Zeitpunkt schafft ein personaler Gott eine ihm gegenüberstehende Welt. Mystik lehrt vielmehr: Gott ist seine Schöpfung – und diese Schöpfung hört niemals auf. Was wir Gott nennen, ist in Wahrheit der ganze Pilz über und unter der Erde. Und nur wenn diese kleine Ausformung über der Erde erkennt, dass sie zusammen mit dem

Unsichtbaren das Ganze ist, gewinnt das Leben Sinn. Nur so sind wir die Krone der Schöpfung: Unverwechselbar, einmalig, einzigartig manifestieren wir das Unsichtbare. In dieser Erfahrung der Mystik liegt die eigentliche Lebensqualität. ❧

DIE MYSTISCHE Spiritualität, wie sie sich in der spirituellen Erfahrung erschließt, beginnt dort, wo das Glaubensbekenntnis aufhört. Mystische Spiritualität ist das Leben selber, Glaubensbekenntnisse aber muss man bekennen und reflektieren. Mystische Spiritualität ertrinkt im göttlichen Sein. Glaubensbekenntnisse müssen Formeln und Bilder erschaffen und damit arbeiten. Mystische Spiritualität ist die Erfahrung dessen, was Bild und Wort sagen wollen. Glaubensbekenntnisse versuchen zu erklären, zu deuten und zu regeln. Mystische Spiritualität ist die Wahrheit, die sich als Leben vollzieht, sie ist das Abenteuer, das Leben heißt, ja sie ist der Tanz des Lebens selber. Glaubensbekenntnisse errichten Tempel und Kirchen, in denen Gott angebetet wird. Mystische Spiritualität spielt sich im Alltag ab, denn dieser Leib, dieser Kosmos – das ist der Tempel, in dem sich Gott vollzieht. Wahre Religion erhellt das Geheimnis, das wir selber sind: Leben Gottes! Es gibt nichts zu bekennen, nichts zu bitten; es gilt nur, Gott zu leben. ❧

MYSTIK ist das Bewusstwerden der Wesenseinheit des Geschöpflichen mit der metaphysischen Urwirklichkeit des Göttlichen aus der alle Differenzierung kommt. Diese metaphysische Urwirklichkeit wird als Leere, als Nichts, als Eins und als Urgrund aller Dinge erfahren. Als solcher entzieht er sich aller Beschreibung und Typisierung. Erfahrung und Beschreibung kommen aus zwei verschiedenen Bewusstseinszuständen. Erst wenn die Erfahrung, die ein Phänomen sui generis ist, in die psychophysische Konstitution des empirischen Ego eindringt, wird sie fassbar und beschreibbar. Das empirische Ego hat viele Räume bereit, in die eine mystische Erfahrung einfließen kann. Solche Räume differieren je nach Alter, Bildung, Religion und gesamtpsychischer Konstitution. ∝

EINE MYSTISCHE Erfahrung ist eine Urerfahrung, und wer sie macht, kann damit nicht an sich halten. Er muss sie artikulieren, und er wird sie auf eine Weise artikulieren, die seiner Persönlichkeit entspricht. Aber genau das können religiöse Institutionen nur schwer akzeptieren. Deshalb haben die christlichen Kirchen die Mystiker und Mystikerinnen dazu gezwungen, ihre Erfahrungen zu redogmatisieren. Wer sich dagegen wehrte, musste damit rechnen, als Häretiker verfolgt und schlimmstenfalls verbrannt zu werden. So waren etwa Marguerite Porete, Giordano Bruno oder Miguel de Molinos Menschen, die ihre mystischen Erfahrungen angeblich nicht dogmengemäß formulierten und dafür grausam bestraft wurden. Dieses Muster lässt sich in allen theistischen Religionen finden, auch im Islam. Denn sie beanspruchen für sich eine unmittelbar von Gott geoffenbarte Wahrheit, neben der jede andere Form der Gotteserfahrung zur Häresie wird.

Ein mystisch inspirierter Mensch spricht den Institutionen nicht ab, dass sie eine hilfreiche ordnende Bedeutung haben. Er wird in der Regel keine direkte Konfrontation suchen. Aber er wird sie doch – oft auch unwillentlich – indirekt in Frage stellen, führt ihn seine mystische Erfahrung doch über die oft enge Frömmigkeit der Konfessionen hinaus in einen transkonfessionellen Raum. (...) Deshalb kommen die Mystiker und Mystikerinnen bei dem Versuch der Redogmatisierung ihrer Erfahrung in arge Nöte. Die Sprache ihrer angestammten Religion hat eben keine Worte für das, was ihnen widerfahren ist. Das duale Denkschema des Christentums macht es schier unmöglich, eine mystische Einheitserfahrung zu artikulieren. Und wo sie dennoch diesen Versuch unternommen haben, ernteten sie bei Theologen oft nur Kopfschütteln und Zweifel. ❧

RELIGION steht auf zwei Beinen: Mystik und Theologie. Wenn eines fehlt, fehlt auch das andere. Nur muss man sehen, dass die Theologie in der Erfahrung selbst keine Rolle spielt. Sie fängt da an, wo die Erfahrung aufhört. Sie kommt aus der Erfahrung und sollte auch wieder dorthin zurückführen. Mystik scheint mir die Rettung der Theologie zu werden. Nach einem mystischen Erlebnis in der Kirche von Vosa Nova sagte Thomas von Aquin am Ende seines Lebens: „Alles, was ich geschrieben habe, scheint Stroh zu sein im Vergleich mit dem, was ich gesehen habe und was mir geoffenbart worden ist." Also: Aus der mystischen Wirklichkeitserfahrung erwächst eine andere Sicht der Religion und ineins damit eine andere Theologie. ❧

WIR HABEN zu lernen, dass Mystik sich nicht unbedingt in einem frommen Vokabular ausdrücken muss, als ob mystische Zustände etwas mit Bigotterie oder Betschwesterntum zu tun hätten. Mystik ist vielmehr die Erfahrung des Alltäglichen, des Hier und Jetzt. Diese Erfahrung kann sehr banal sein. Sie kann im Verwesen genauso gemacht werden wie in einer aufblühenden Blume, dem Wind oder einer religiösen Zeremonie. ❧

NATURWISSEN-
SCHAFTEN

ICH GEHE davon aus, dass die wesentlichen Impulse für die zukünftige Entwicklung des Geistes von den Naturwissenschaften ausgehen werden. Ich vermute, dass es zu einer Wiederentdeckung der Metaphysik kommen wird, aber nicht Philosophen oder Theologen werden sie auf den Weg bringen, sondern Physiker und Biologen. Sie nämlich sind es, die im Zuge ihrer Grundlagenforschung mehr und mehr an die Grenzen des Denkens geraten. Dort begegnet ihnen eine Wirklichkeit, die sie weder anzweifeln noch mit den Mitteln der Logik und des analytischen Denkens begreifen können. Max Planck etwa hat einmal bekannt: „Ich bin fromm geworden, weil ich zu Ende gedacht habe und dann nicht mehr weiterdenken konnte. Wir hören alle viel zu früh auf zu denken." Und nicht nur ihm ist es so ergangen. Auch andere Naturwissenschaftler wie Erwin Schrödinger, Wolfgang Pauli oder Albert Einstein haben sich im Laufe ihres Forschens der Religion – genauer: der Mystik – genähert. Von Werner Heisenberg stammt der prägnante Satz: „Der erste Trunk aus dem Becher der Naturwissenschaft macht atheistisch, aber auf dem Grund des Bechers wartet Gott."

Die theoretische Physik des zwanzigsten Jahrhunderts ist an einen Punkt gelangt, an dem sie sich von Vorstellungen löste, die über Jahrtausende als unbezweifelbare und evidente Wahrheiten galten. So ist der Glauben an eine objektive Welt, die in Raum und Zeit nach festen kausalen Gesetzen ihren Lauf nimmt, erschüttert worden. Inzwischen wissen wir, dass die Wirklichkeit keineswegs objektiv feststeht, sondern das Produkt unseres eigenen Verstandes ist. Was wir das Universum nennen, kreieren wir selbst. Gehirn und Nervensystem sind nur für eine begrenzte Menge Realität programmiert. So nehmen wir im Bereich unserer Sinnesorgane nur ein beschränktes Spektrum an Frequenzen wahr. Oberhalb und unterhalb dieses Spektrums liegt aber weit mehr, als wir aufzufassen vermögen. Mit anderen Worten: Wir können immer nur einen kleinen Teil der Wirklichkeit erkennen – und diesen kleinen Teil ordnen und strukturieren wir nach Maßgabe unseres Verstandes. Er liefert uns das Instrumentarium, mit dem wir uns die Welt verfügbar machen können, aber es wäre ein Irrtum zu glauben, dass seine Instrumente Bestandteile einer objektiven Welt wären. Immanuel Kant hat dies sehr schön an den Kategorien von Raum und Zeit vorgeführt. Raum und Zeit sind keine objektiven Wirklichkeiten, sondern Werkzeuge unseres Weltverstehens. In der wahren Wirklichkeit kommen sie nicht vor. Die physikalische Einsicht in die Relativität von Zeit und Raum bestätigt dies – und ebenso entspricht dem die mystische Erfahrung der transpersonalen Wirklichkeit. ❧

DIE QUANTENMECHANIK ist zu der bahnbrechenden Einsicht gelangt, dass es keine Materie gibt. Je weiter die Suche nach den Grundbausteinen der Materie vordringt, desto mehr erkennen wir, dass Materie nichts anderes ist als Energie, über deren Herkunft wir nichts weiter zu sagen vermögen. So stellte Max Planck bereits in seinem 1944 gehaltenen Vortrag über „Das Wesen der Materie" fest: „Als Physiker sage ich Ihnen nach meinen Erforschungen des Atoms dieses: Es gibt keine

Materie an sich! Alle Materie entsteht und besteht nur durch die eigene Kraft, welche die Atomteilchen in Schwingung bringt und sie zum winzigsten Sonnensystem des Atoms zusammenhält." Und er fügte hinzu: Wir müssen „hinter dieser Kraft einen bewussten intelligenten Geist annehmen. Dieser Geist ist der Urgrund aller Materie! Nicht die sichtbare, aber vergängliche Materie ist das Reale, wahre Wirkliche, sondern der unsichtbare, unsterbliche Geist ist das Wahre! Da es aber Geist an sich allein ebenfalls nicht geben kann, sondern jeder Geist einem Wesen gehört, müssen wir zwingend Geistwesen annehmen."

Früher waren wir der Meinung, der Körper habe im Laufe der Zeit Geist entwickelt. Intelligenz sei eine Funktion des Gehirns und des Nervensystems. Inzwischen aber wissen wir, dass es sich genau andersherum verhält. „Der immaterielle Geist bewegt das Gehirn", sagt der Hirnforscher und Nobelpreisträger John Eccles. Er hat nachgewiesen, dass es unsere Gedanken und unser Willen sind, die im Gehirn Neuroproteine aktivieren – dass sich geistige Prozesse materiell abbilden und nicht etwa Funktionen biochemisch-materieller Prozesse sind: Wenn wir einen Gedanken haben, ein Gefühl oder einen Wunsch, dann transformiert sich diese Energie als Molekül in unserem Gehirn. Mit anderen Worten: Unsere intellektuelle und emotionale Energie materialisiert sich in Gestalt dieser Neuroproteine. Sie sind gleichsam kleine Schlüssel, die nach ihrem Schlüsselloch suchen. Wenn sie das Loch in anderen Zellen gefunden haben, hat die Zelle die Nachricht empfangen, die sie braucht. Dieser Vorgang spielt sich nicht nur in unserem Gehirn ab, sondern er durchdringt den ganzen Körper. Jede Körperzelle steht in Kommunikation mit anderen Zellen. In jeder Zelle manifestiert sich ein denkender Geist. ◌

RELIGION

ALLE RELIGIONEN sind Wege zur Erfahrung des Göttlichen, aber keine von ihnen kann behaupten, den einzigen Zugang zu ihm zu besitzen. Ich verdeutliche das gerne mit einem Bild: Religionen sind wie schöne bunte Kirchenfenster. Sie geben dem Licht, das durch sie hindurchscheint, eine bestimmte Struktur. Scheint kein Licht, sind sie dumpf und nichtssagend. Deshalb ist das Licht das eigentlich Entscheidende. Das Licht aber können wir mit unseren Augen nicht sehen. Licht macht sichtbar, ist selbst aber unsichtbar. Sichtbar wird es nur, wenn es in Farben zerlegt und strukturiert wird. Ebenso verhält es sich mit den Religionen im Blick auf das Göttliche. Sie verleihen dem Unfassbaren eine fassbare Struktur. Den Preis, den die Religionen dafür zu entrichten haben, ist die Reduktion des Göttlichen auf einen Ausschnitt seines Spektrums. Diesen Ausschnitt für das Ganze zu halten, wäre töricht. Ebenso töricht, wie zu glauben, das Glasfenster hätte eine eigene Leuchtkraft unabhängig von dem Licht, das es erhellt. Umgekehrt muss man aber auch sehen, dass sich das Licht in sein Spektrum brechen muss, wenn es nicht nur scheinen, sondern auch erscheinen will. Gott erscheint in den Religionen. Aber er ist in ihnen nie in der ganzen Fülle seines Lichts erfahrbar, wenn sie nicht offen sind für die Erfahrung. ❧

RELIGIONEN haben sich entwickelt, weil der Mensch, als er Geist erlangte, nach dem Sinn seines Lebens und dem Sinn der Welt fragte. Sie stellen die Möglichkeit dar, das Unfassbare für den menschlichen Verstand fassbar zu machen und zu feiern. Religion ist eine wichtige, ja absolut notwendige Errungenschaft der Evolution, denn als Sinnstifterin schützt sie die Spezies vor dem Untergang, dem der Mensch aus Mangel an Sinn wohl anheim gefallen wäre. Doch auch Religionen müssen sich wandeln, um zu einer zeitgemäßen Spiritualität zu führen. Wir können im 21. Jahrhundert und ausgehend von einem völlig neuen Weltbild nicht mehr von Gott so reden, wie das noch bis ins 19. Jahrhundert möglich war. ⊗

AUF DER STUFE der Erfahrung sind alle Religionen eins. Aber jedes Individuum, das über seine Erfahrung sprechen will, hat sich mit Ausdrucksformen zu bescheiden, die ihm entsprechend seinem kulturellen Hintergrund zur Verfügung stehen. Und so reflektiert die Verschiedenheit der esoterischen Wege die Verschiedenheit der Kulturen, aber in ihrer Essenz sind sie sich einig.

Religion ist zu vergleichen mit dem Mond, der die Erde erleuchtet, aber seine Strahlkraft von der Sonne erhält. Wenn der Mond der Erde zu nahe kommt und sich zwischen Sonne und Erde scheibt, gibt es eine Sonnenfinsternis und es wird dunkel auf der Erde.

Die Sonne ist zu vergleichen mit dem Göttlichen. Es strahlt die Religion an, damit sie dem Menschen leuchtet auf seinem Weg zur Erfahrung. Wenn aber Religion sich zu wichtig nimmt, und sich zwischen Gott und den Menschen schiebt, verdunkelt sie Gott. Es gibt eine Gottesfinsternis. ⊗

UNSERE religiösen Systeme gleichen Computerprogrammen. Wie der Computer außerhalb seiner Programme keine neuen Erkenntnisse liefern kann, so bleiben auch die theologischen Aussagen über Gott eng begrenzt, wenn wir sie nicht erweitern durch die mystische Erfahrung. Das systeminterne Denken ist das große Hindernis in der Theologie.

In der Unaussprechlichkeit der letzten Wirklichkeit sind sich alle Religionen einig. Die letzte Wirklichkeit kann nur erfahren werden. Alles, was der Mensch darüber sagt, ist bereits eine Verzerrung. ⚭

IN ALLEN theistischen Religionen finden sich drei Ebenen der Religiosität. Friedrich von Hügel bezeichnet sie als das Institutionelle, das Intellektuelle und das Mystische.

Auf der ersten Ebene, der institutionellen, steht Gott als der Schöpfer und machtvolle Herrscher. Ihm gilt es zu gehorchen. Er entscheidet über Gut und Böse. An ihn wendet man sich in Lob-, Dank- und Bittgebet. Er schickt der sündigen Menschheit Helfer und Erlöser. Bei Wohlverhalten wird der Mensch mit dem Himmel, oder einer guten Reinkarnation belohnt, bei schlechtem Verhalten mit Strafe oder sogar mit der Hölle. Auf der zweiten Ebene, der intellektuellen, ist Meditation über Texte aus den heiligen Schriften oder über Bilder zentral. Bei diesen Gebetsweisen werden Verstand, Gedächtnis, Wille und Gefühl aktiviert. Sie bleiben also ganz in der Ich-Aktivität und im personalen Bereich. Auch theologische Überlegungen gehören zu dieser Ebene. Die Theologie, Theodizee, Philosophie und Metaphysik entwickeln Vorstellungen und Ideen über diese Wirklichkeit und kommen zu Aussagen im rational-personalen Bereich. Der Mensch hat den Verstand erhalten, um auf dieser Ebene Erkenntnisse über die Urwirklichkeit zu formulieren.

Auf der dritten Ebene, der mystischen Ebene, geht es nun darum, alle Egokräfte ruhig zu stellen und alle Ichaktivität zurückzunehmen. Das Ich soll schweigen, damit das auftauchen kann, was die Mystik unser wahres Wesen nennt. Jesus nennt es das Reich Gottes. „Das Reich Gottes ist in euch", sagt er. „Du musst wiedergeboren werden", sagt er zu Nikodemus. Du musst eine zweite Geburt erleben, um ein Leben zu gewinnen, das du nicht mit dem Intellekt begreifen kannst. Nada, Unio Mystica, Gottheit oder Brahman – Shakyamuni Buddha nannte es Leerheit – sind Bezeichnungen für diese Ebene. Die intellektuellen und psychischen Kräfte werden zurückgenommen, damit die non-duale Wirklichkeit erfahrbar wird. Wer auf diese Ebene durchbricht, erfährt die „wirkliche Wirklichkeit", die über alle rationalen und personalen Fähigkeiten hinausgeht und eine ganz andere und neue Ebene des Erkennens vermittelt. Das ist das Ziel aller Religionen. Leider werden viele in einem rationalen, ja oft kindlichen Religionsverständnis festgehalten. Diese dritte Ebene führt über die Bekenntnisse hinaus, und wenn der Weg wirklich bis ans Ende gegangen wird, endet er in allen Religionen auf dem gleichen Gipfel. ◌

DER UNTERSCHIED in den Religionen verläuft nicht mehr zwischen den einzelnen Religionen, sondern zwischen esoterischer und exoterischer Spiritualität. Esoterik meint jene Spiritualität, die auf Erfahrung aufgebaut ist. Exoterik meint eine Spiritualität, die ausschließlich auf Schriften, Dogmen, Ritual und Symbolik beruht.

Der fundamentale Unterschied in den Religionen besteht also nicht zwischen den Lehren und Riten der einzelnen Religionen, sondern zwischen ihrer esoterischen oder exoterischen Spiritualität. Der Schnitt verläuft nicht horizontal, sondern vertikal.

Die letzte Wirklichkeit, von den verschiedenen Religionen verschieden benannt, entzieht sich jeder Benennung oder Sichtbarmachung durch Verstand und Sinne. Der Versuch, ihr einen für alle akzeptablen Namen zu geben, trennt die Religionen. Daher kam es in der Geschichte immer wieder zu Glaubenskriegen, zu Verfolgungen, Verleumdungen, Herabsetzungen usw. Heute sind wir wenigstens, wenn auch nicht durchweg, beim Dialog angekommen. Religionen sind Wege, auf denen der Mensch zu seinem Ursprung zurückgeführt werden soll, zu dem, was wir unser „tiefstes Wesen" nennen oder auch das „Göttliche" in uns und in allem, was existiert.

Die Wahrheit, die allen Religionen gemeinsam ist, liegt im Herzen jeder Religion. Da diese Wahrheit aber sämtliche Formen transzendiert, ist es offensichtlich nur wenigen Menschen vergönnt, zu ihr vorzustoßen. Daher behält die exoterische Religion ihre Bedeutung. So wenig wie der Mensch ohne Körper leben kann, so wenig kann eine Religion ohne Ausdrucksform existieren. Heilige Schriften, Theologie und Ritus sind gleichsam eine Landkarte, nach der ein gläubiger Mensch seinen Weg zu Gott findet. Er braucht Richtung, Ermutigung und Begleitung, damit er seinen Weg nicht verliert. Der Mensch lebt in einer Welt von Symbolen, Bildern und Formen, auch um eine Religion mitzuteilen, braucht es diese Ausdrucksformen. ෬

IRGENDEIN scharfsinniger Mensch hat einmal gesagt: „Religion ist ein Trick der Gene." Ich nehme diesen Satz sehr ernst und glaube, dass er keineswegs dazu dient, die Religion zu disqualifizieren. Im Gegenteil: Wenn eine Spezies ein evolutionäres Niveau erreicht, auf dem sie Fragen über ihre Herkunft, ihre Zukunft und ihren Sinn stellt, dann ist es nur natürlich, dass sie ein Vermögen ausbildet, das ihr hilft, Antworten auf diese Fragen zu geben. Das Ergebnis ist die Religion, und sie hat ihre Aufgabe über Jahrtausende glänzend erfüllt und tut es heute noch. Religion gehört zur Evolution. Wenn wir heute an einen Punkt stoßen, an dem ihre Antworten nicht mehr tragen, dann ist dies ein Indiz dafür, dass die Evolution ein Stück vorangeschritten ist und nun ein neues oder modifiziertes Vermögen zum Selbstverständnis des Menschen entstehen muss. Religion entwickelt sich mit dem Menschen weiter. Diesem Umstand möchte eine „Evolutionstheologie" Rechnung tragen. Sie geht aus von der Entfaltung und Entwicklung des Lebens. Alles was geschieht, versteht sie als den gewaltigen evolutionären Prozess des einen allumfassenden Lebens. Überall sieht sie das kontinuierliche Hervorgehen und Verschwinden. „Jeden Augenblick wird die Welt neu geboren", sagt die Mystik – und geht davon aus, dass diese permanente Neuschöpfung nicht durch die Hand eines außerhalb der Evolution stehenden Schöpfers vollzogen wird, sondern aus ihr selbst heraus geschieht, ihrem eigenen Impuls folgend. Und so ist Gott aus der Sicht der mystischen oder evolutionären Theologie nicht der von außen wirkende Initiator der Evolution, sondern die Evolution ist der sich selbst entfaltende Gott. ∞

DIE WAHRE RELIGION kennt keinen Ort der Verehrung. Der wirklich religiöse Mensch ist ein Heimatvertriebener, ein Vagabund, der überall und nirgends daheim ist. Er selber ist ja die Offenbarung Gottes. Es gibt keinen Platz, wo nicht Offenbarung Gottes wäre. Gott wird nicht hier oder dort angebetet, er wird und ent-wird in jedem Augenblick in uns und in den Dingen. Deswegen muss auch ein Glaubensbekenntnis zerbrechen, bevor man wirklich religiös werden kann. Die wahre Religion ist das Lied des Lebens selber. Es singt in jedem von uns seine einmalige und unverwechselbare Melodie. Je weniger wir sie stören durch unsere Vorstellung von Gott und Welt, umso reiner klingt sie. ∞

RITUALE

RITUALE KÖNNEN eine tiefe psychische Wirkung hinterlassen. Im Ritual etwas abzuschließen, etwas neu zu beginnen
oder Versöhnung zu schaffen hat in der zeitgenössischen Psychotherapie wieder eine wichtige Bedeutung erhalten.

Rituale sind zum Beispiel, eine Kerze anzuzünden oder etwas symbolisch zu verbrennen. Aufgabe der Rituale ist es, den
Menschen in Bewegung zu setzen und nach oben und nach unten in eine pulsierende Einheit zu führen. Es gilt, die Weisheit
unseres tiefsten Wesens zu entdecken, die auch in unserem
Körper gespeichert ist. Dieses unser tiefstes Wesen ist die göttliche Dynamik selbst. Gott ist der Drang zur Rückkehr in die
Einheit und der Drang in die schöpferische Vielfalt. ෬

RITUALE SIND in zweierlei Hinsicht hilfreich: erstens, weil
sie eine rational getroffene Entscheidung ganzheitlich im Menschen verankern. Denn im Ritual wird der Schritt sinnlich und
körperlich erfahrbar. Das verleiht ihm eine Realität, die es erleichtert, mit der neuen Situation zurechtzukommen. Oft ist
es wichtig, sich mit seinen Verletzungen auszusöhnen. Das hat
nichts mit Verdrängen zu tun. Die Verletzung bleibt spürbar,
aber man hört auf, sich daran zu reiben und dabei alle Lebensfreude zu verlieren. Ich praktiziere zuweilen ein Ritual, bei dem
ich von Hass und Schmerz geplagte Menschen auffordere, all
ihren Kummer aufzuschreiben. Ist dies geschehen, werden die

Notizen in einer rituellen Verbrennung den Flammen übergeben – als sinnenfälliger Ausdruck dafür, dass die Selbstzerfleischungen und Anschuldigungen nun ein Ende haben.

Zweitens ermöglichen Rituale, eine innere Befindlichkeit nach außen zu bringen. Dadurch kann die entsprechende Person eine heilsame Distanz zu ihren eigenen Emotionen aufbauen. Der Mensch hört auf, sich mit seinen Gefühlen zu identifizieren. Nun kann er sie zulassen, ohne von ihnen unterjocht zu werden – nun kann er Gefühle haben, weil die Gefühle nicht mehr ihn haben. Das gilt im Übrigen auch für positive Gefühle. So können Rituale auch dazu dienen, das ganz andere, das ich erfahren habe, zum Ausdruck zu bringen. Dies geschieht in Form religiöser Feiern. Sie setzen einen Akzent, der betonen soll, dass eigentlich das gesamte Leben von der Erfahrung des Göttlichen durchdrungen sein sollte, sie erinnern gleichsam daran, Religion auch im Alltag zu leben. Das Leben ist eine Feier. Mystik heißt: Ich zelebriere mein Leben als eine Ausdrucksform des Göttlichen. Gott möchte im Menschen Mensch sein. ℘

SCHATTEN

„DÄMONEN" oder „Schatten" sind die uns abgewandte Seite unseres eigenen Bewusstseins. Es handelt sich dabei sowohl um Kindheits- oder Partnerschaftsverletzungen als auch um Ängste und Depressionen unterschiedlicher Herkunft. Diese psychischen Zustände werden oft aus dem Bewusstsein verdrängt – sie werden von unserem Ich abgespalten. „Abgespalten" ist die wörtliche Übersetzung des griechischen Wortes „daimon". Das legt die Vermutung nahe, dass man ursprünglich recht gut wusste, womit man es zu tun hatte, wenn man von „Dämonen" sprach: mit demjenigen, was man heute in der Psychologie „neurotische Anteile" nennt. Wenn diese verdrängten Anteile konzentriert ins Bewusstsein treten, können sie eine Macht entfalten, die es nahe legt, sie in Gestalt von Dämonen zu personifizieren. Es können dann sogar wirklich schreckliche Bilder von Fratzen, Tieren und Ungeheuern aus dem Seelengrund auftauchen – ein Bestiarium, wie man es von den vielen Bildern kennt, die den heiligen Antonius in der Wüste zeigen. Immer handelt es sich um Visionen desjenigen, was wir an uns nicht akzeptieren können – was wir an uns verteufeln. Daher erklärt sich auch die außerordentliche Hartnäckigkeit der „Dämonen": Sie sind ein Teil von uns selbst, den wir nicht loswerden – den wir umso weniger loswerden, je mehr wir ihn zu bekämpfen versuchen.

Zunächst sind wir geneigt, die dunkle Seite unseres Bewusstseins nach außen zu projizieren: auf das andere Geschlecht, die andere Rasse, die andere Kultur, die andere Religion, auf Juden, Heiden, Nazis, Ausländer. Damit „verteufeln" wir in anderen, was wir eigentlich als unseren Teil erkennen sollten. Leider ist eine solche Verteufelung auch auf der religiösen Ebene möglich. Dann wird der Unterschied zwischen Materie und Geist, zwischen Körper und Bewusstsein, zwischen Mensch und Gott zur unüberbrückbaren Kluft. Körper, Sexualität, Freude an der Natur und am Leben werden dämonisiert und als „teuflisch" abgestempelt. Damit beginnt der religiöse Fanatismus. Er entsteht immer dann in einer Religion, wenn die Liebe fehlt. Glaube ohne Liebe – Glaube, der seinen eigenen Schatten nicht sehen und annehmen kann, wird zum Fanatismus. C. G. Jung sagt, dass diese Projektion nach außen die Umwelt in das eigene unbekannte Gesicht verwandelt. Dann sind immer die anderen die Schlechten und Bösen. Die erste Aufgabe besteht also darin, dass wir diese Projektionen zurücknehmen und das „Böse" und „Negative" in uns erkennen, um es dann in unser Bewusstsein zu integrieren. Wir haben also das fast Unmögliche zu vollbringen: gleichsam um die Ecke zu schauen, um das Böse, das wir außen und am anderen sehen, in uns selber zu erkennen.

„Dämonen" dürfen nicht verdrängt werden. Denn je mehr wir uns gegen sie wehren, desto mehr Macht üben sie über uns aus. Stattdessen sollten wir sie als Teil unserer selbst akzeptieren und im Bewusstsein präsent halten. Das heißt nicht, dass wir diese Schattenseiten ausleben müssen. Es genügt, sie zuzugeben und zu akzeptieren, um dann mit ihnen umgehen zu können, ohne sich von ihnen beherrschen zu lassen. ∞

DÄMONEN, Schatten, Teufel, Ungeheuer – wir haben viele Namen für diesen psychischen Komplex, den wir bei allen Menschen finden, sogar bei Jesus. Wir brauchen nur die Versuchungsgeschichte zu lesen. Es ist kein Zufall, dass diese Geschichte in der Wüste spielt. Die Wüste ist der Inbegriff der spirituellen Abgeschiedenheit: Jeder, der den Weg der Kontemplation geht, geht „in die Wüste" – und wird dort mit seinen Schatten konfrontiert. Evagrius Pontikus, ein Mönch aus dem vierten Jahrhundert, der uns viel über die Spiritualität der Mönche in der Wüste hinterlassen hat, weiß von Dämonen zu erzählen, die den Menschen dann belästigen, wenn er in die Einsamkeit geht. Er sagt: „Du musst darauf gefasst sein, dass der Dämon, der dich bei der Kontemplation auf der linken Seite verlässt, auf der rechten zurückkehrt." Gemeint ist, dass auf dem spirituellen Weg psychische Bedrängnisse ins Bewusstsein treten und dort eine hartnäckige Präsenz behaupten können. ⸱⸱

SINN

WAS IST DER SINN unseres Daseins? Was verleiht unserem kurzen und unbedeutenden Leben echte Qualität? Die Antwort kann nur lauten: Ganz Mensch sein. Diese Urwirklichkeit, der wir Abendländer den Namen Gott gegeben haben, möchte in mir, besser noch, möchte als diese Struktur, zu dieser Zeit, an diesem Ort über die Erde gehen. ☙

GOTT WILL nicht verehrt werden. Gott will leidenschaftlich gelebt werden. Gott ist ein Tanz, und ich bin ein Schritt seines Tanzes. Der Sinn meines Lebens liegt darin, mich als dieser Tanzschritt zu erleben – ja, zu begreifen, dass ich selbst „Mittänzer" bin. Oder in einem anderen Bild: Ich bin die Welle des „Ozeans Gott". Der eine Urgrund, Gottheit, Gott, Leerheit – das ist der Ozean. Von oben gesehen ist der Ozean nicht mehr als eine Ansammlung von Wellen. Aber wenn ich ihn von unten sehe, begreife ich sofort, dass alle Wellen Ozean sind. ER / ES drückt sich aus in Formen und Strukturen, die aber alle nicht anderes sind als der eine Ozean. Das ist das Entscheidende: dass ich mich erfahre als eine Ausdrucksform dieses einen Urgrundes, dieser strukturlosen Potenz, die wir Christen *Gott* nennen; den Zen *Leerheit* nennt.

Diese Erfahrung ist für mich die globale Spiritualität – die Spiritualität, in die jede Konfession führen sollte. ☙

WIR SIND EINE MANIFESTATION dieser Urwirklichkeit, die wir Abendländer „Gott" genannt haben. Gott wollte Menschen, darum sind wir Menschen geworden. Gott will in uns Mensch sein. Es ist daher auch unsere erste Aufgabe, ganz Mensch zu sein, ein Mensch, der seinen Adel erkennt und auch entsprechend lebt.

Wir sind hier, um unser wahres Wesen zu erfahren, um Gott in einer Weise zu erfahren, die über einen Glauben an Gott weit hinausgeht. Letztlich geht es um etwas sehr einfaches, nämlich um die Einsicht, dass wir nicht getrennt sind von dieser Urwirklichkeit und auch nie getrennt von ihr waren. Was wir Ursünde nennen, ist der Schleier, den unser Ich über diese Erkenntnis gezogen hat. Diese Urwirklichkeit kann nicht von einem Teil getrennt sein. Sie ist immer ganz in jedem Teil, so wie der Ozean immer ganz in jeder Welle ist. Wie viel die Welle davon erfassen kann, ist eine andere Frage. ∞

SPIRITUALITÄT

TRANSKONFESSIONELLE Spiritualität meint nicht eine Religion, sondern eine Religiosität jenseits der Religionen. Und diese Religiosität ist ein Grundzug unserer menschlichen Natur. Es ist die uns zutiefst eigene Tendenz, uns zum Ganzen und Einen hin zu öffnen. Diese Tendenz teilen wir mit allen Lebewesen, denn sie ist die treibende Kraft der Evolution. Bislang manifestierte sie sich in den vielfältigen Religionen der Welt, denn außerhalb der Religionen gab es über Jahrtausende keine Trennung von Religion und Spiritualität. Jetzt aber erleben wir, dass sich diese religiöse Kraft von den hergebrachten Religionen löst. Ich treffe immer mehr Menschen, die religiös sind, ohne sich zu einer Religion zu bekennen. Darin erkenne ich eine Spur der voranschreitenden Bewusstseinsevolution. (...) Buddha wollte keine Religion gründen. Jesus wollte keine Religion gründen. Erst ihre Nachfolger haben die Erfahrung ihrer Meister in Formen gebracht und institutionalisiert. Das scheint mir ein fast zwangsläufiger Vorgang zu sein. Denn das Göttliche, das in spirituellen Erfahrungen erlebt wird, drängt dazu, in Gestalt von Ritualen und Theologien zum Ausdruck gebracht zu werden. Daher wird es immer – im weitesten Sinne – religiöse Gemeinschaften geben, auch wenn sich in Zukunft viele außerhalb unserer Kirchen etablieren werden. ∞

EIN MYSTISCHER Weg lässt sich an jedem Ort und zu jeder Zeit leben. Er braucht keine Religion, kein Dogma, keine organisierte Gemeinschaft, keinen Tempel und keine Kathedrale. Niemand muss sich dafür die Haare scheren und Ordensgewänder anlegen. Ein mystischer Weg lässt sich in jeder denkbaren Gesellschaftsform verwirklichen. Da alle Menschen eine Grundstruktur in sich haben, die ihnen den mystischen Weg ermöglicht, kann jeder Einzelne dieser Urerfahrung seinen ganz individuellen Ausdruck verleihen.

Mystik ist nicht konfessionsgebunden. Sie übersteigt in der Erfahrung den konfessionellen Rahmen. Es gibt eine transkonfessionelle Spiritualität. Es gibt eine säkulare Mystik. Ja, es gibt eine Spiritualität ohne personalen Gott. ❧

WÄHREND die traditionellen religiösen Wege eine innere Befreiung von der Welt durch die Loslösung vom Diesseitigen zu erreichen versuchen und das Eigentliche ins Jenseits verlegen, um dort eine unmittelbare Schau des Absoluten, des Göttlichen, der Leere und des Unbekannten zu erreichen, knüpft eine zeitgemäße, integrale Spiritualität an die mystischen Wege des Ostens und des Westens an und stellt das Hier und Jetzt in den Mittelpunkt. Denn im Hier und Jetzt drückt sich das Unbeschreibbare aus, in genau dieser Form, zu dieser Zeit, an diesem Ort. Es geht nicht darum, aus der Welt zu scheiden, zu verlöschen, in den Himmel oder eine neue Wiedergeburt einzugehen, um Seligkeit oder Erlösung zu erreichen. Es geht vielmehr um die Erkenntnis, dass wir und alles durchdrungen sind von dieser Urwirklichkeit. Es geht darum, diesen Tanz des evolutionären Geschehens in diesem Augenblick mitzutanzen. Man tanzt nicht, um möglichst schnell zu Ende zu kommen, man tanzt um des Tanzes willen. Sich selbst als Tanzschritt des Tänzers Gott und zugleich als Tänzer zu erfahren, zu erleben, dass alles Handeln spirituell durchdrungen ist, das ist das Ziel. Es ist die Wahrnehmung, mit allem in fragloser Gegenwart verbunden zu sein. Das ist eine Wachheit ganz anderer Art, die in die Erfahrung der Leere, des Nichts, übergeht. Doch diese Leerheit ist nicht leer, und das Nichts ist nicht Nichts. Es ist ein Bewusstsein, das sich als transrational beziehungsweise arational bezeichnen lässt. ∞

RELIGIONEN haben verschiedene Stufen – und jede dieser Stufen hat ihre Berechtigung. Bedauerlich ist es nur, wenn man auf einer dieser Stufen stehen bleibt und sie für die ganze Religion hält. Und eben das passiert, wo sich das Ich mit der Befolgung ethischer Richtlinien und Glaubenswahrheiten einer Religion zufrieden gibt und das Gleiche auch von anderen fordert. Auf dem spirituellen Weg der Mystik jedoch werden diese Stufen zurückgelassen. Er führt auf eine transkonfessionelle Ebene, auf der das „Ich glaube" in eben dem Maße in der Erfahrung zur Gewissheit wird, in dem die Fixierung auf das Ich zurücktritt. Es mögen die gleichen Wahrheiten bleiben, aber sie werden auf jeder Stufe verschieden gedeutet. Das gilt für alle Religionen – für den Buddhismus und den Hinduismus ebenso wie für den Islam und das Christentum. ∞

STERBEN
UND TOD

DER TOD IST nach der Geburt das wichtigste Ereignis unseres Lebens. Er ist die Vollendung unserer Geburt. Wir fügen uns nicht dem Tod, wenn wir sterben, wir fügen uns ein in den Fortgang des Lebens, das kein Verweilen kennt.

Leben und Tod sind nur scheinbare Gegensätze, die sich auszuschließen scheinen. In Wirklichkeit sind sie – wie der positive und negative Pol des elektrischen Stroms – nur zwei verschiedene Aspekte ein und derselben Lebensdynamik. Und das Nichtvorhandensein des einen würde das Verschwinden des anderen bedeuten. Wir verlieren nicht etwas im Sterben, wir gewinnen etwas, wir gewinnen das ganze Universum zurück, das hinter unserem Ich verborgen liegt oder, um es mit religiösen Worten zu sagen, wir gewinnen Gott ganz zurück, unverstellt vom Ich. Es schließt sich nicht ein Tor, es öffnet sich ein Tor, wenn wir sterben. ❧

WIR WISSEN nicht, wie es ist, zu sterben. Aber vieles spricht dafür, dass Sterben ein Erwachen ist. Es schließt sich nicht ein Tor, es öffnet sich ein Tor. Ob dieses Erwachen noch eine personale Komponente hat, können wir dahingestellt sein lassen. Gott wird in einer neuen Form wiederkommen. Ist es so wichtig, dass eine Kontinuität bestehen bleibt? Die sogenannten

Nahtoderfahrungen legen jedenfalls nahe, dass die Personalität dahinschwindet und durch ein nichtpersonales Bewusstsein ersetzt wird. Dieser Übergang wird in den meisten Nahtodberichten als faszinierend und beglückend geschildert; so beglückend, dass viele den begonnenen Weg am liebsten ins Sterben hinein weitergegangen wären. ⬙

AUCH DER TOD schmeckt nach Gott. Dieses Zeitlose kennt nicht Geborenwerden und Sterben. Untergang ist Übergang in eine andere Existenzform. Untergang ist ein Überleben anderer Art – und das nicht im Sinne eines Überdauerns des Ich, sondern im Sinne eines Weiterbestehens unserer wahren Identität.

Wenn ein Tänzer einen Schritt verlässt und einen neuen macht, ist das nicht der Untergang des Tanzes. Es ist der Fortgang des Tanzes, eines neuen Tanzschritts. Gott tanzt seine Schöpfung. Er ist Tänzer und Tanz in einem. Auch wir sind Tänzer und Tanz und ein ganz individueller, einmaliger, unverwechselbarer Tanzschritt Gottes. Wenn ein Geiger den nächsten Ton spielt, ist das nicht der Untergang der Musik. Gott entsteht im Baum als Baum, im Menschen als Mensch und in der Galaxie als Galaxie. Im Untergang ist er Untergang. Und so ist der Untergang in Wirklichkeit Aufgang, er ist der Vollzug Gottes, er ist die Evolution Gottes.

Geborenwerden und Sterben ist die Struktur Gottes. Es gibt keinen Tod, es gibt nur das Sich-Selbst-Gebären Gottes im Kommen und Gehen. Und das Vergehen ist ebenso bedeutsam wie das Wiederkommen. Auch das Untergehen ist der Herzschlag Gottes, nicht nur das Auferstehen. ⬙

DAS STERBEN des Mystikers – das Loslassen des Ich – ist sehr viel schwerer als das physische Sterben. Das Sterben der Mystik ist ein Sterben, das sich nicht darum kümmert, ob und wie es drüben weitergeht. Es ist ein Sterben in ein viel Größeres hinein, bei dem die Frage nach dem Fortbestand der Personalität zurückgetreten ist. Es ist ein Sterben, das uns Jesus vorgelebt hat, als er sagte: „Vater, in deine Hände empfehle ich meinen Geist." Da ist nicht der Wunsch nach einem Himmel, nicht die Hoffnung auf ein Geborgensein bei Gott; da ist nur Loslassen des Unwesentlichen.

Das Unwesentliche ist das Ich – das Ich, das in der Erfahrung der transpersonalen Wirklichkeit in seiner Relativität erkannt wird. Denn dort tritt der Mensch in einen Bewusstseinszustand, in dem er nicht mehr Ich, wohl aber wach und präsent ist. Aus dieser Perspektive erscheint das Ich als das, was es in Wahrheit ist: als ein Organisations- und Funktionszentrum für diese irdische Existenz. Deshalb ist die Angst des Ich vor dem Tod berechtigt. Es wird sich auflösen, obwohl es dafür geschaffen ist, eine solche Auflösung des Lebens zu verhindern. Es ist geschaffen für die Dynamik des Lebens, es ist kulturschaffend und kreativ. Das Ich kann unmöglich so tun, als habe es keine Angst vor dem Tod. Die Angst vor dem Tod kann nur mit dem Ich gemeinsam zurücktreten – nämlich dann, wenn der Mensch die mystische Erfahrung der nicht mehr bezweifelbaren Einheit macht. ∞

DIE SPIRITUELLEN WEGE lehren uns, dass das Ja zum Tod das Eintrittstor ins Leben ist. „Der Tod", sagte mir einmal eine Sterbende, „ist der Kuss Gottes, der mich aufweckt in ein neues Sein." – Einmal, wenn wir wirklich begreifen, wer wir sind, werden wir unseren Tod feiern wie unsere leibliche Geburt. ∞

STILLE

NUR AUF DIE Stille achten, die Stille hören! Bis wir in der Stille arbeiten können, sprechen können, bis die Ruhe der Hintergrund geworden ist, auf dem sich alles zeigt. Gehen in der Stille, arbeiten in der Stille, warten in der Stille, im Bus, in der Einkaufsschlange, beim Arzt, im Lärm des Verkehrs.

Die Stille heilt. Sie ist das einzige wirkliche Mittel gegen Stress. Die Ruhe macht etwas mit uns. Ungeahnte Kräfte liegen in der Ruhe, ordnende, heilende, harmonisierende Kräfte. Sagt uns nicht schon die Astrophysik, dass in den leeren Räumen des Universums die stärksten Energien zu Hause sind? ∞

KONTEMPLATION und Zen sind uralte Menschheitswege, die zu mehr geistiger Klarheit, innerer Ruhe und Lebensfreude führen. – „Spiritualität als Lebensqualität" ist neu entdeckt. „Mach mehr aus Deinem Leben", heißt eine andere Devise. Dazu gehört der gesamte Bereich, den wir heute „transpersonales Bewusstsein" nennen. Man spricht von einer neuen „Programmierung" zur Ent-Hypnotisierung des Alltagsbewusstseins. Energie kommt offensichtlich aus einer „Leere", die, (wie im Universum die schwarzen Löcher) das eigentliche Kraftzentrum des Kosmos und auch des Menschen zu sein scheint. (Manche Wissenschaftler meinen, dass mindestens 99% des Universums dunkle Materie sind, in der aber die Energie des Universums beheimatet ist.) Auch in uns scheint die Ruhe das große Energiereservoir zu sein. Wir entdecken heute wieder die heilenden Kräfte der Ruhe, auf die alle spirituellen Wege letztlich zielen, weil in ihnen nicht nur das Kraftzentrum unseres Lebens liegt, sondern auch das eigentliche Ziel der Religion. Es geht uns daher nicht nur um Ruhe, Harmonie und Kraft für unseren Alltag auf unserem Weg. Wir wissen, dass nur in der Ruhe die Begegnung mit dieser ersten Wirklichkeit möglich ist, die wir Abendländer Gott oder Gottheit nennen, andere Brahman, Allah oder Leerheit, in der Geschichte aus China symbolisiert durch die daheimliegende, bewusstlose Seijo. Wem es beschieden ist, bis zum Grund des Seins durchzubrechen, der erfährt eine umfassende Leere, die alle Potenzen in sich birgt. ଔ

DIE STILLE kann zum Gebet werden. Gott die Stille anbieten. Die Stille eint, sie eint auch mit Gott, viel mehr als Worte. Wie antwortete doch der Pfarrer von Ars auf die Frage, was er denn so lange in der Kirche mache: „Er schaut mich an und ich schaue ihn an." Schauen, ohne etwas Bestimmtes sehen zu wollen. Reines Offensein. Eine Blume anschauen, ohne sie zu zerlegen in Farbe und Form. Einen Baum, einen Menschen aufnehmen, wie er ist, ohne Wertung, ohne Urteil, ohne ihn einzusortieren in unsere Denkmuster und Schubladen. Die Welt offenbart sich aufs Neue. Sie bekommt eine neue Farbe, wie Rumi sagt. Wir sollen uns aus dem Gefängnis unserer Aktivität hinausstehlen in die Stille, meint er. Dem Lärm sollen wir sterben, der uns wie eine Wolke einhüllt. Das führt nicht aus dem Leben hinaus. Es führt in das wirkliche Leben, das sich nur auf dem „Hintergrund Gott" wirklich offenbart. Er ist ein Gott, der sich im Schweigen offenbart. ଔ

SÜNDE

SÜNDE IST die Verweigerung der Selbsttranszendenz, d. h. die Verweigerung, das Ego zu überschreiten. Wenn wir in die Evolution des Kosmos hineinschauen, dann bedeutet Mangel an Selbsttranszendenz – sei sie verschuldet oder unverschuldet – die Ursache für den Untergang. Von der Naturwissenschaft wissen wir, dass ein geschlossenes System jämmerlich in sich zugrunde geht. Die Krebszelle im Organismus, aber auch ein repressives Ego, das die Persönlichkeit dominiert, der Diktator, der ein soziales System aufzwingt, eine absolut gesetzte Ideologie oder Religion, zerstören die menschliche Gemeinschaft. Ein Organismus ist nicht ein Haufen von Zellen, sondern ein Ganzes. Ein Ganzes transzendiert die Teile und schließt sie gleichzeitig zu einem Größeren zusammen. Das ist die Grundaussage aller spirituellen Wege. Nur wer liebt, wird überleben. Ich bin fest überzeugt, dass sich alles, was wir böse nennen, selbst ad absurdum führt. Es verstößt gegen das Grundprinzip der Evolution, gegen die Liebe. ◌

SÜNDE KANN als Verweigerung der Selbsttranszendenz gesehen werden, weil sie gegen das Grundprinzip des Lebens – und das heißt: der göttlichen Evolution – verstößt. Die Evolution, die für mich nichts anderes ist als die Entfaltung des göttlichen Prinzips, fordert das Über-sich-Hinausgehen eines Lebewesens. Wo es sich dem verweigert, weiht es sich seinem eigenen Untergang. Es könnte sein, dass die Menschheit gegenwärtig genau das tut: dass sie aufgrund ihrer Ego-Zentriertheit im evolutionären Prozess stecken bleibt und ausscheidet. Der Kosmos kam 16 Milliarden Jahre ohne den Menschen aus. Verschwände der Mensch von der Erde, folgte er damit nur den 99 Prozent aller Lebewesen, die es einmal auf unserer Erde gab und die inzwischen ausgestorben sind.

Wenn man „Sünde" eben nicht im moralischen Sinne, sondern als egozentrische Tendenz im Menschen versteht, die mit dem göttlichen evolutionären Geschehen nicht konform geht, bekommt sie einen anderen Stellenwert. In einem zukünftigen Stadium der Evolution wird diese Erkenntnis immer mehr Menschen zuteil werden als in der gegenwärtigen Epoche der dualen, egozentrischen Rationalität. Diese Epoche neigt sich dem Ende zu, und es besteht Grund zu der Annahme, dass im Zuge des evolutionären Fortschritts das duale Denken mehr und mehr in den Hintergrund tritt und der mystischen Erfahrung unseres wahren Wesens Platz macht. ❧

SÜNDE WIRD immer klarer als Selbstentfremdung erkannt, als Lebensversuch aus dem vordergründigen Ego. Am Gleichnis vom Vater mit den zwei Söhnen lässt sich der Vorgang in etwa ablesen. Der eine Sohn möchte sein eigener Herr sein. Er hat vergessen, dass er alles vom Vater hat. Das Ego gebärdet sich autonom, es hat vergessen, dass es aus dem wahren Selbst lebt. Es nimmt sich selbst in die Hand, es verwirklicht sich selbst. Aber diese Egoverwirklichung führt nicht zur Selbstfindung, sondern zur Selbstentfremdung, d.h. in die Einsamkeit, Verlorenheit und Sinnlosigkeit.

Hat der Sohn sich vom Vater getrennt, so gleicht er dem Rebzweig, der vom Weinstock abgeschnitten ist. Er bringt keine

Frucht. Er gleicht dem vertrockneten Bach, der von der Quelle getrennt ist. Absonderung von der Quelle aber macht lebensfeindlich. Es gilt, das „Unnatürliche" dieser Loslösung zu erkennen. Die einzelne Sünde ist dann nur noch das Symptom der Absonderung vom wahren Leben. Ursünde ist das Nichtwissen des Menschen um die Quelle des Lebens in seinem Inneren. Das Egobewusstsein ist wie Schlaf im Vergleich zu jenem Bewusstsein, das im Menschen in der Tiefenerfahrung erwacht. Darum ist echte Bekehrung immer ein Erwachen zu einem neuen Leben. Sie ist eine wirkliche „Metanoia", eine echte Umkehr. ෬

DER KLASSISCHE Mythos zum Thema Sünde ist die biblische Geschichte von der Vertreibung aus dem Paradies. Sie handelt davon, wie wir überhaupt in die Situation geraten konnten, uns der Selbsttranszendenz zu verweigern. Ihr zufolge besteht der eigentliche Sündenfall nämlich in nichts anderem als dem Schritt in die Individuation, dem Austritt aus einem „vorpersonalen Himmel". Sie handelt vom Erwachen aus der Dumpfheit des Vorbewusstseins in eine Ich-Erfahrung, aus dem Zustand des Instinktes in den des Erkennens von Gut und Böse. Das war ein großer Fortschritt der Evolution, doch zog er eine ganze Reihe von Belastungen mit sich, die den Menschen in dem Augenblick zu quälen begannen, in dem er sich seines Ichs bewusst wurde: Tod, Krankheit, Leiden, Schuld, Einsamkeit. ෬

DIE VERTREIBUNG aus dem Paradies ist das Hinaustreten in den personalen Zustand – das Heraustreten des Ich-Bewusstseins aus der Einheit mit Gott. Sünde ist so gesehen nicht das jeweilige Vergehen einzelner Menschen, sondern der Preis, den die Menschheit für ihre Individuation zu zahlen hat. In dieser Sünde leben wir, so lange es uns nicht gelingt, in einer mystischen Erfahrung uns selbst zu transzendieren. Der spirituelle Weg ist so gesehen der Weg ins Paradies – aber nicht in jenes, aus dem wir vertrieben wurden. Dorthin zurückzukehren hieße, sich in den Mutterschoß der Evolution zu flüchten. Die Evolution aber bringt uns voran. Eines Tages werden wir erkennen, dass Gott immer schon mit uns „im Garten Eden spazieren ging" – dass wir in Wahrheit nie von ihm getrennt waren und dies bloß nicht erkannt haben. Das Paradies liegt heute vor uns. Die Christen nennen es „das neue Jerusalem" – gemeint ist die Erfahrung der Einheit mit Gott. ∝

SÜNDE IST Unkenntnis. Weil der Mensch nicht weiß, wer er ist, verhält er sich egozentrisch und abgespalten. Das Strukturprinzip der Evolution ist Egotranszendenz und Tendenz zur Einheit hin. Egotranszendenz führt zu immer umfassenderen Organismen bis hin zum Einen und Einzigen. Wer sich dieser Grundtendenz widersetzt, schließt sich selber aus und vergeht. Es gibt kein richtendes Gegenüber. Sünde ist Unfähigkeit, sich als das Ganze und Eine zu erfahren und sich einzuordnen. ∝

TRADITION

ICH HALTE ES für ganz wichtig, in den vielfach bewährten spirituellen Traditionen zu bleiben. In ihnen finden wir verständliche Interpretationsmöglichkeiten und Wegweiser sowohl für den Alltag als auch für den Umgang mit mystischen Erfahrungen. Die klassischen spirituellen Wege sind dabei so etwas wie Landkarten des Geistes, die es erlauben, ziemlich genau festzustellen, wo man steht und welche geistigen Entwicklungen einem bevorstehen. Dabei gibt es freilich gewisse Unterschiede zwischen den einzelnen Wegen. Jeder hat seine eigenen Wegweiser aufgestellt. Aber letztlich haben sie doch eine fast gleiche Grundstruktur. Alle weisen sie auf den gleichen Gipfel.

All diese Wege sind Aufstiegsrouten zu demselben Berggipfel. Der eine Weg führt rechts herum, der andere links herum, der eine ist steiler, der andere bequemer. Aber am Ende führen sie alle zum gleichen Ziel. Ihr jeweiliges Gepräge erhalten sie von der religiösen Tradition und Kultur, aus der sie stammen. Die Religionen sind – wenn wir im Bild bleiben – die verschiedenen Klimazonen, die an den Nord-, Süd-, Ost- oder Westhängen des Berges herrschen. Wer den Aufstieg beginnt, kennt zunächst nichts anderes als seine Umgebung – oder er sieht nur die Andersheit einer anderen Region. Er ahnt noch nicht, dass er letztlich in einen Bereich steigen wird, an dem sich die Wege einander annähern. Und am Ende, wenn er die Wolken durchstiegen hat und in die Gipfelregion gelangt, sieht er, dass all die vielen Gipfelsuchenden immer am gleichen Berg unterwegs waren und dasselbe Ziel vor Augen hatten.

Die Konfessionen sind Anlaufstellen; sie sind Schwellen, über die viele Menschen auf den spirituellen Weg gelangen. Darin haben sie ihren Wert, der nicht dadurch geschmälert wird, dass man auf dem spirituellen Weg irgendwann an einen Punkt kommt, an dem die Konfessionen überschritten werden. Denn erfahrbar, wirklich erfahrbar, ist Gott im Korsett der Konfessionen nicht. Damit – das möchte ich ausdrücklich betonen – ist keinem Synkretismus das Wort geredet. Ganz im Gegenteil: Die Religionen sollen nebeneinander bestehen bleiben. Wir brauchen die vielen „Glasfenster", die uns etwas sagen über das Licht dahinter. Sie dürfen ihre Ansichten nur nicht verabsolutieren. Sie sollen ihre Anhänger und Anhängerinnen in die Erfahrung dessen führen, was ihre Heiligen Schriften verheißen. Aber sie sollen nicht versuchen, sie in der Konfession festzuhalten. ∞

WANDLUNG

DAS HINTER-SICH-LASSEN von besetzenden Lebensgewohnheiten und Bindungen ist der erste Schritt auf dem spirituellen Weg. Es ist aber keine Askese um der Askese willen, sondern ein Freiwerden von Konditionierungen. Dieser Schritt ist unverzichtbar; aber genauso unverzichtbar ist die Rückkehr in die Welt – wobei die Welt dann allerdings auf eine ganz neue, andere Weise erfahren wird. Auch hierzu möchte ich eine kleine Geschichte erzählen: Ein Mann hackte Holz am Rande eines Waldes und verdiente sich damit seinen Lebensunterhalt. Als ein Einsiedler daher kam, fragte er ihn nach einem Wort für das Leben. Der Einsiedler sagte: „Gehe tiefer in den Wald!" Da nahm der Mann seine Axt und ging tiefer in den Wald. Er fand schöne Bäume, fällte und verkaufte sie für gutes Geld. So wurde er wohlhabend. Eines Tages erinnerte er sich an die Worte des Einsiedlers: „Gehe tiefer in den Wald!" Und so machte er sich erneut auf den Weg und fand eine Silbergrube. Er baute sie aus und wurde sehr reich. Nach Jahren aber fielen ihm erneut die Worte des Einsiedlers ein: „Gehe tiefer in den Wald!". Er ging und fand wunderbare Edelsteine – ein Symbol für die Erleuchtung. Er erfreute sich sehr daran, aber dann kamen ihm erneut die Worte des Einsiedlers in den Sinn: „Gehe tiefer in den Wald!" Und also machte er sich nochmals auf, ging tiefer in den Wald. So kam es, dass er sich eines Morgens wieder genau an dem Waldrand fand, an dem er vor langen Jahren beim Holzschlagen den Einsiedler getroffen hatte. Was sagt uns das? Es sagt: Wer einen Erfahrungsweg bis zum Ende geht, kehrt als ein veränderter Mensch zuletzt zurück in den Alltag. Dem Laien Pang wird das Wort zugeschrieben: „Wie wunderbar, ich hacke Holz, ich trage Wasser." Und das Thomasevangelium lässt Jesus sagen: „Spaltet ein Stück Holz, und ich bin da. Hebt einen Stein, und ihr findet mich dort." ଔ

ZUNÄCHST geschieht das, was die Mystiker einen Reinigungsprozess nennen. Psychologisch könnte man auch von einem Individuationsprozess reden, in dem die Psyche für all die seelischen Blockierungen und Konditionierungen transparent wird, die in ihr durch Erziehung, Sozialisation und religiöse Belehrung gewachsen sind. Es geht wohl gemerkt nicht darum, diese Prägungen abzulegen, sondern um ihr nüchternes Zu-Bewusstsein-Bringen und Akzeptieren. Mit dem Transparentwerden der eigenen Seele geht dann ein Wandel des Selbstverständnisses einher, vor allem des religiösen Selbstverständnisses. Der Gott im Himmel, zu dem wir als Kinder beteten, zerbricht. Und mancher seufzt dann mit Nietzsche auf: Gott ist tot. In Wahrheit ist freilich nicht Gott zerbrochen, sondern ein bestimmtes Gottesbild. (...) Dieser Zustand ist für viele Menschen eine schwere Belastung. Nun wissen sie nicht mehr, woran sie sich noch halten sollen. Doch steckt in dieser Krise bereits der Aufbruch zur nächsten Etappe auf dem inneren Weg: Nun beginnt die Phase der Bewusstseinsentleerung oder der Bewusstseinsvereinheitlichung – ganz nach religiöser Tradition und Umfeld. ଔ

DER WANDEL beginnt in uns. Er beginnt in unserem Körper und in unseren alltäglichen Verrichtungen: auch in der Sehnsucht nach Entspannung, Gesundheit und Wellness. Religionen und spirituelle Wege haben die Aufgabe, Impulse aufzunehmen und zu kultivieren. Wachstum der Weisheit und des Bewusstseins – das ist der Weg zu Sinn und Lebensqualität. Ein echtes Vorankommen kann der Mensch nur von seinem Inneren her erwarten, wenn er „hinabsteigt in den Seelengrund". Dort erfährt der Mensch ein Einssein aller Geschöpfe und eine tragende Liebe. Durch diese Erfahrung wird er von innen her gewandelt: Er weiß sich eingebettet in der Ordnung und Harmonie der Schöpfung, weiß, dass er – gerade in seiner Leiblichkeit – eine Epiphanie des Göttlichen ist, dessen Leben er und seine Mitgeschöpfe leben. So kann er allem nur mit Wohlwollen und Liebe begegnen. ∞

WEIBLICHKEIT

WEIBLICHKEIT ist verbunden mit Intuition, mit Fühlen, mit Offenheit und ganzheitlichem Erfassen, mit Schauen, Empfinden, Zuwendung, Hingabe und Liebe. Diese weiblichen Elemente sind in unserer patriarchalen Zeit überfremdet worden. Vorsorgende und fürsorgende Qualitäten werden zu wenig anerkannt, um nicht zu sagen: herabgesetzt. Weibliche Elemente haben in unserer Entwicklung innerhalb der Gesellschaft kaum gestalterischen Einfluss entwickeln können. Die Frau wird zerrissen zwischen den beiden Lebensbereichen Privatleben und Erwerbsleben. Dabei könnte sie das Verbindungsglied zwischen dem Ego-Bereich und dem Wir-Bereich sein. Diese Bereiche miteinander zu vermitteln ist aber eine der größten Aufgaben, vor denen unsere Gesellschaft steht. Derzeit sind wir voll und ganz in unserem eher „männlichen" narzisstischen Egoismus gefangen. Um darin nicht unterzugehen, müssen wir den Wir-Bereich zurückgewinnen, dem die weibliche Weltsicht eine größere Bedeutung beimisst. Das reicht von Fürsorge, Achtung von Mensch und Natur, Zuhören, Gruppengefühl und Freude an der Gemeinschaft bis hin zu einer fairen Marktwirtschaft und einer Sozialisierung des Kapitalismus. Kreativität, Freude am Leben, an schönen Dingen wie Kunst, Gestalten und andere belebende Aspekte könnten die dürre Landschaft des Geschäftlichen, des Managements und der Wirtschaft vermenschlichen. Dabei rechne ich weniger mit feministischen

Strömungen. Es geht mehr um eine Veränderung von innen, die wir in unserer Sprache mit Wandlung bezeichnen, um eine Integration innerer und äußerer Werte. ❧

ICH HABE wiederholt feststellen können, dass Frauen eher für eine mystische Erfahrung offen sind als Männer. Ich vermute, das hat etwas damit zu tun, dass Frauen ganzheitlicher veranlagt sind – und wenn sie ihre Ganzheitlichkeit bewusst leben, sind sie dem transpersonalen Raum näher als die große Mehrheit der Männer. Dieser Umstand bildet sich übrigens auf der physischen Ebene darin ab, dass Frauen viel stärker mit beiden Gehirnhälften denken, während Männer in der Regel vorwiegend ihre linke intellektuelle Gehirnhälfte aktivieren. Das führt dazu, dass Frauen andere psychische Ebenen unmittelbar in ihre Lebensform und ihren Denkstil einfließen lassen. Wenn man diese Ganzheitlichkeit des Lebens und Denkens als spezifisch „weiblich" versteht, wird man ein generelles Defizit an Weiblichkeit in unseren westlichen Gesellschaften beklagen müssen. Ich meine damit nicht, dass alle Männer „weiblicher" werden sollten, sondern einen Wandel in der grundlegenden Lebensorientierung: fort von der einseitigen Fixierung auf Geld, Macht, Erfolg, Prestige und Leistung hin zu einem ganzheitlichen Lebensstil, in dem auch Emotionalität und Leiblichkeit ihren angemessenen Raum finden. ❧

UNSTERBLICHKEIT
UND WIEDERGEBURT

ECHTE MYSTIK definiert den Begriff Unsterblichkeit anders als die Religionen. Sie kennt daher auch nicht die üblichen Vorstellungen von Wiedergeburt, sondern nur Nicht-Geboren und Nicht-Ausgelöscht. Es geht nicht um ein Auslöschen des Todes, mit dem Ziel, ewig zu leben, sondern um ein Transzendieren von Geburt und Tod. Wir halten uns für sterblich, weil wir meinen, dass Geburt und Tod existieren. Wir sind aber nicht sterblich, weil wir eine vergängliche Existenz haben, sondern weil unser Ichbewusstsein ständig Geborenwerden und Sterben erlebt. Was wir zutiefst sind, ist zeitlos; es erscheint nur in Zeit und Form, es wechselt nur die Kleider, aber nicht das Wesen. ∞

WIR SIND der göttliche Energiestrom. Dieser Energiestrom schafft ständig Neues. In der Meereswelle ist nach wenigen Metern vom alten Wasser nichts mehr vorhanden. Nur die Energie geht weiter und kreiert aus immer neuem Wasser immer neue Wellen. Dieser Energiefluss geht auch in unserem Leben weiter. Es ist aber nur dieser Energiestrom, der sich fortsetzt, und nicht die gleiche Form, nicht die gleiche Persönlichkeitsstruktur. Wir möchten unsere personale Struktur in die Ewigkeit hineinretten. Aber diese personale Struktur wird nicht mitgehen. Diese Ichstruktur ist nur ein Konglomerat von physischen Aktivitäten, denen unser Gedächtnis Festigkeit und Permanenz verleiht. Wiedererstehen wird immer nur die Urwirklichkeit, die wir Abendländer Gott nennen. ∞

DER MENSCH glaubt sich identisch mit Kommen und Gehen, Werden und Vergehen; dabei ist er identisch mit dem ewigen Leben. Gelingt es, das Egobewusstsein zu übersteigen und in eine Erleuchtungserfahrung zu kommen, werden Zeit und Vergänglichkeit durchbrochen, geschieht Neugeburt und Neuschöpfung wie die Schrift sagt. Dann besitzt der Mensch die Fähigkeit, die Dinge zu durchschauen. Er sieht, was sie wirklich sind. Er erkennt, dass alles so ist, wie es ist, und dass alles gut ist so, wie es ist, weil es die Wahrheit ist. ∞

DIE THEISTISCHEN Religionen sagen, wenn der Tod ausgelöscht werden könnte, wäre uns das ewige Leben sicher. Sie unterstellen damit, dass Leben ausgelöscht werden kann. Die Mystik ist viel konsequenter. Leben kann nicht ausgelöscht werden. Das tiefste Wesen des Menschen ist ungeboren und unsterblich. Die Ursache von Geburt und Tod ist unser Ich. Unser Ich und Geburt und Tod gehören zusammen. Unser Ich sucht die Dauer. Damit gibt es Geborenwerden und Sterben. Die Sucht des Ich will die Permanenz. Diese Sucht beruht auf Unkenntnis und mangelnder Erfahrung des eigenen Wesens. Wenn diese Unwissenheit aufgehoben ist, schwindet auch die Sucht nach Dauer und damit schwindet die Angst vor dem Tod. ∞

DASS DER MENSCH an seinen göttlichen Ursprung glaube, an das Leben, das sowohl in Gott als auch im Menschen west, das ist der Kern der biblischen Botschaft. Darum muss der Mensch wiedergeboren werden. Es gilt, diesen Zusammenhang zu erkennen, diese Wahrheit zu erfassen und zur

Erfahrung dieses Lebens durchzustoßen. Dann erst können wir wirkliche Menschen sein, Menschen, die sich von Gott her verstehen. Der zum Leben erwachte ist die Neuschöpfung, von der Paulus spricht. Einer, der dieses Leben nicht wenigstens im Glauben erfahren kann, bleibt um sein eigentliches Menschsein betrogen. Er bleibt im Vorfeld des Menschen stecken. Sich selbst als Manifestation göttlichen Lebens wissen, das ist die Seinsdimension, die Gott dem Menschen zugedacht hat.

Die Einswerdung des Anbetenden mit dem Angebeteten, die Erfahrung des Einsseins mit Gott, ist zugleich Zeit und Höhepunkt allen religiösen Lebens, aller Formen des Gebetes, aller Riten und Dogmen. ෬

ZEITLOSIGKEIT

DAS WICHTIGSTE Element einer jeden mystischen Erfahrung ist die Zeitlosigkeit. In der Ersten Wirklichkeit gibt es keine Zeit. Zeit ist keine für sich bestehende Wirklichkeit, sondern das Produkt unserer Ratio, die nicht umhin kann, in den Kategorien von Vergangenheit, Gegenwart und Zukunft zu denken. Deshalb lässt sich die Gegenwart Gottes – die Gottesgeburt im Menschen – nicht unter zeitlichen Kriterien erfassen. Sie findet jenseits der Zeit statt; wo sie in der Erfahrung vollzogen wird, hört die Zeit auf. ❧

ZEIT IST ETWAS, was unsere Ratio macht. Zeit entsteht durch das Kommen und Gehen des kosmischen Geschehens. Zeit ist eine Schöpfung unseres Ich. Die Erste Wirklichkeit ist Zeit und Zeitlosigkeit. In dieser Erkenntnis liegt die Lösung vieler Fragen. Da wir aber Zeitlosigkeit nicht denken können, finden wir auch die Lösungen nicht. Dass etwas zeitlos und in der Zeit gleichzeitig sein kann, entzieht sich unserer mentalen Erfahrung. Der Kosmos ist multidimensional, unser Verstand kann nur vier Dimensionen erfassen. Die Evolution ist arational oder transrational organisiert, wir können uns daher nur Zeitabläufe vorstellen. Wir kreieren mit Verstand und Sinnen eine eingeschränkte Realität. Zeit gehört dem polaren Bewusstsein an. Unsere Ratio kann nur in Gegensätzen denken: rechts – links, oben – unten. Wer Licht sagt, braucht als Gegenüber das Dunkel usw. Die mystische Erfahrung transzendiert diese Polarität. Einheit und Zeitlosigkeit zu erfahren, ist der Höhepunkt jeder Mystik. Unser an Raum und Zeit gebundenes Ichbewusstsein kann uns nur an die Grenze dieser Erfahrung bringen. Es kann uns nicht hinüber begleiten. Es nicht ist für die Grenzüberschreitung in die Zeitlosigkeit gemacht. Nur das Loslassen kann uns in das qualitativ „ganz andere" hinübergleiten lassen. Die mystische Erfahrung ist nicht eine quantitative Vermehrung unseres kognitiven Erkennens. Sie ist eine ganz neue Dimension und lässt sich empirisch nicht testen, so sehr das die Rationalisten gerne möchten.

Die Evolution hat keinen Endzweck und kein Endziel. Aus der Erfahrung der Zeitlosigkeit heraus ergibt sich kein Endzweck. Zeitlosigkeit kennt keinen Punkt Omega. Wenn es einen Punkt Omega gibt, dann ist es dieser Augenblick. Der Endzweck ist in diesem augenblicklichen, kosmischen Geschehen zu suchen, in dem sich die letzte Wirklichkeit realisiert. Kommen und Gehen ist die Struktur dieser Ersten Wirklichkeit, Sterben ebenso wie Geborenwerden. ⊗

EWIG IST nicht die individuelle Form, sondern nur das Leben. Dieses Leben kennt keinen Wandel, keine Zeit und keinen Raum. Zeit und Raum entstehen durch die Formen, die kommen und gehen. Auf der Ebene der Formen können wir von Vergangenheit und Zukunft reden. Letztlich gibt es keinen Punkt Omega, keinen Gipfel, keinen Stillstand. Es gibt nur diesen zeitlosen Tanz, den das Leben als Evolution vollzieht. Es gibt nur Alpha und Omega. Der Sinn des Tanzes liegt nicht darin, zu Ende zu kommen, er liegt im Tanz selbst. ⊗

ZEN

ZEN HAT SEINEM Wesen nach mit einer Religion nichts zu tun. Es ist vielmehr die nicht definierbare und nicht vermittelbare, nur vom Einzelnen selbst erfahrbare Wurzel des Seins. Es ist frei von jeglichem Namen. Religionen entspringen aus dieser Erfahrung, die Menschen im Laufe der Menschheitsgeschichte gemacht haben. In diesem Sinne ist Zen keine religiöse Tradition und auch keine buddhistische Religion. Es ist die von vielen Weisen erfahrene und mit verschiedenen Namen versehene Urerfahrung alles Seienden. Es ist die Aktualisierung der in jedem Menschen, in jedem Augenblick gegenwärtigen Erfahrung seines wahren Wesens.

Und so gibt es auch kein buddhistisches Zen und auch kein christliches Zen. Es gibt vielleicht Zenmeister, die Buddhisten sind, und Zenmeister, die Christen sind. Zen selbst jedoch bleibt von ihrer Religion unberührt. Daher ist es mein Anliegen, Zen auf seinen Ursprung zurückzuführen. ☙

QUELLEN

Willigis Jäger: Die Welle ist das Meer. Mystische Spiritualität. Hg. v. Christoph Quarch, Verlag Herder 2000. (Welle)

Willigis Jäger: Kontemplation. Gott begegnen – heute. Verlag Herder 2002. (Kontemplation)

Willigis Jäger: Aufbruch in ein neues Land. Erfahrungen eines spirituellen Lebens. Hg. v. Christoph Quarch und Cornelius Collande, Verlag Herder 2003. (Aufbruch)

Willigis Jäger und Christoph Quarch: ...denn auch hier sind Götter. Wellness, Fitness und Spiritualität. Verlag Herder 2004. (Götter)

Willigis Jäger: Wiederkehr der Mystik. Das Ewige im Jetzt erfahren. Verlag Herder 2004. (Mystik)

Willigis Jäger: Das Leben endet nie. Über das Ankommen im Jetzt. Theseus Verlag 2005. (Leben)

Willigis Jäger: Westöstliche Weisheit. Visionen einer integralen Spiritualität. Theseus Verlag 2007 (Weisheit)

Willigis Jäger: Über die Liebe. Kösel Verlag 2009. (Liebe)

Willigis Jäger: Ich bin ein Tanzschritt und Gott ist der Tanz, in: Christoph Quarch (Hg.): Unsere Welt ist heilig. Auf dem Weg zu einer globalen Spiritualität, Verlag Herder 2009, S. 15-23. (Unsere Welt ist heilig)